ISBN 978-3-649-66961-6

Grafische Gestaltung von Manuela Altrichter

www.coppenrath.de

HANS KRUPPA

Das Glück
kennt kein Alter

MIT ILLUSTRATIONEN VON
CATHERINE DUCLOUX

COPPENRATH

VORWORT

Wir alle leben mit der Gewißheit, daß wir mit jedem Tag, jeder Stunde, jeder Minute älter werden. Oft wird dies nicht als frohe Botschaft empfunden, doch das Alter ist ein natürlicher Teil unseres Lebens, der uns Wertvolles zu bieten hat. Erst mit der Zeit, mit dem Alter schärft sich unser Blick für das Wesentliche, und wir gewinnen eine Weitsicht und Gelassenheit, die wir in der Jugend nicht selten vermißt haben.

Wir lieben die Schönheit eines blühenden Baumes nicht zuletzt deshalb, weil ihre Pracht nicht ewig währt. Wir genießen einen herrlichen Sonnenuntergang auch deswegen so intensiv, weil er ein kurzes Naturschauspiel ist. Und wir würden auch unser Dasein ohne das Wissen, daß seine Zeit unaufhaltsam voranschreitet, womöglich nicht so sehr lieben und schätzen.

Unser Leben bietet uns, auch in seinen späteren Phasen, immer aufs neue unendliche Möglichkeiten, deren Verwirklichung eine Kunst ist: die Lebenskunst. Ihr kommt in einer Textsammlung über die Wirkungen der Zeit eine wichtige Bedeutung zu – einer Sammlung von Erzählungen, Gedichten und Gedanken, die in und zwischen ihren Zeilen vielfältige Anregungen zu einem weisen Umgang mit dem Alter gibt.

Die Unterschiedlichkeit dieser drei Textgattungen bietet ein hohes Maß an literarischer Ausdrucksvielfalt und damit die Möglichkeit, das Phänomen des Alterns aus ganz unterschiedlichen Perspektiven zu betrachten. Wie aus Puzzleteilen formt sich aus den einzelnen Texten nach und nach ein Bild, in dem die Wirkungen der Zeit auf unser Leben deutlich werden – und unsere Möglichkeiten, sich konstruktiv und kreativ mit ihnen zu arrangieren.

Dieses Buch will abwechslungsreiche Lesefreude bereiten und zugleich bei der Suche nach Antworten auf die Herausforderung, die das lebenslange Älterwerden in sich birgt, Anregungen und Inspirationen geben. Mit etwas Glück kann es dazu beitragen, daß aus der Suche ein Finden wird – und aus dem Finden etwas Glück.

Hans Kruppa

Alles zu deiner Zeit

Alles zu deiner Zeit!
Ergreife jede gute Gelegenheit.
Die Erlebniswelt ist endlos weit.
Halte dich immer bereit,
Wunderbares zu erleben!
Zögere nicht, dich hinzugeben,
wenn dir etwas sagt: Es ist soweit.

Alles zu deiner Zeit!
Ob es warm ist oder schneit:
Nutze den magischen Augenblick,
gehe beherzt in das mögliche Glück,
bevor es an dir vorübergeht.
Sei immer du – und nie zu spät.

Alles zu deiner Zeit!
Vertraue der Leichtigkeit.
Du hast es verdient, hoch zu leben
und über dem Alltagslärm zu schweben.
Du hast es verdient, gut anzukommen.
Mutig gewagt ist halb gewonnen!

DENKZETTEL

Denke in
schönen Stunden
nie an ihre
Vergänglichkeit,
dazu sind
die schlechten da.

DIE KUNST DES ALTERNS

„Worin besteht die Kunst des Alterns?" wurde der Meister von einem Mann gefragt, der am Ende seiner mittleren Jahre stand.

„Sie beginnt bereits in der Jugend", sagte der Meister. „Man muß als junger Mensch all jene Erlebnisse auskosten, die man im Alter nicht mehr auskosten kann. Hast du das getan?"

„Ich würde sagen, das habe ich."

„Du kannst also auf deine jüngeren Jahre zurückblicken und dir sagen, daß du dein Leben intensiv gelebt hast? Daß du seine größten Chancen genutzt, seine wichtigsten Zeichen erkannt und befolgt hast? Daß du das Jetzt nie für das Irgendwann geopfert hast – also nicht für die Zukunft, sondern vor allem für die Gegenwart gelebt hast?"

„Ja", antwortete der Besucher, „ich habe so oft wie möglich für die Gegenwart gelebt."

„Daran hast du gut getan", sagte der Meister. „Denn nur im Hier und Jetzt liegt das Glück. Wenn dich der Rückblick auf dein Leben zufrieden stimmt, wird dir der Vorausblick auf das Alter leichtfallen. Und du wirst versuchen, auch dieser Lebensphase das Bestmögliche abzugewinnen. Wenn du deinen Körper nicht vernachlässigst und deinen Geist frisch, interessiert und biegsam hältst; wenn du dein Herz empfänglich, weit und jederzeit dafür bereit hältst, sich Erlebenswertem zu öffnen; wenn du deiner Seele erlaubst, die Früchte zu pflücken und zu genießen, die du durch deine Lebenserfahrung gewonnen hast: Dann wird auch dein Alter ein guter Lebensabschnitt sein."

DER WEG
DER LEBENSKUNST

Alles ist vergänglich,
das Glück wie das Leid,
die Freuden wie die Sorgen,
der Schmerz wie die Lust.

Lebenskunst beginnt dort,
wo ich mein Leid,
meine Sorgen und meinen Schmerz
im Wissen um ihre Vergänglichkeit betrachte
und ihnen damit viel
von ihrer Macht über mich nehme.
Sie geht dort weiter,
wo ich mein Glück,
meine Freuden und meine Lust
ganz und gar auskoste,
gerade weil ich mir
ihrer Vergänglichkeit bewußt bin.
Sie endet dort,
wo ich mein Vertrauen ins Leben
und meine Freude an ihm verliere.

GEWISSENSFRAGE

Du lebst richtig,
wenn du auf die Frage,
wie du heute
leben würdest,
wenn du morgen
sterben müßtest,
antworten kannst:

So wie gestern.

DAS SPIEL DER FLAMMEN

Zwei Pensionäre, die schon ihr Leben lang befreundet waren, saßen bei einem Glas Wein gemütlich am Kaminfeuer. „Alles geht den Bach runter", sagte der eine mit betrübter Miene.

„Wie meinst du das?"

„Nicht nur der Körper läßt nach, auch die Gefühle werden schwächer. So wie ich zu körperlichen Anstrengungen, die ich als junger Mann leicht gemeistert habe, heute nicht mehr fähig bin, ist auch meine emotionale Kraft geschwunden. Große Gefühle sind etwas für junge Menschen, nicht mehr für uns alte."

„Was den Körper betrifft, stimme ich dir zu", erwiderte sein Freund. „Aber die Kraft des Herzens läßt nicht nach im Alter. Man kann als alter Mensch ebenso intensiv lieben wie als junger."

„Ach, du machst dir doch nur etwas vor, anstatt dem Kräfteschwund auf allen Ebenen ins Gesicht zu schauen", hielt ihm der andere entgegen. „Aber manchmal ist es ja auch hilfreich, sich ein bißchen selbst zu belügen."

„Ich mache mir nichts vor", stellte sein Freund fest. „Ich habe nur einen Trick, der sehr gut funktioniert."

„Magst du ihn mir verraten?"

„Gern", sagte der andere und lachte. „Ich verliebe mich jeden Tag aufs neue."

„Ach komm! Das glaubst du doch selber nicht."

„Ins Leben", präzisierte der Freund. „Jeden Morgen, wenn ich aufstehe, sage ich mir: Dieser Tag ist einzigartig! Einen Tag wie heute habe ich noch nie erlebt! Er ist neu und frisch. Er könnte wunderschön sein. Und er wird um so schöner sein, je offener ich auf ihn zugehe und je zärtlicher ich mit ihm umgehe."

Ein langes Schweigen entstand, in dem nur das Knistern des Feuers im Kamin zu hören war. Wie gebannt blickten die beiden alten Freunde in das Spiel der Flammen, das immer neue Formen annahm, das sich in keiner einzigen Regung wiederholte und mit immer neuen Bewegungen tanzte.

LEBENSZEITMASS

Ich liebe,
also bin ich.

Und wenn ich
hundert Jahre alt werde:
gelebt habe ich nur
in den Zeiten,
in denen ich liebte.

GEHEIMER ZUGANG

Im Winter des Lebens
gibt es einen geheimen Zugang
zu einem ewigen Sommer,
den ein jeder finden kann,
dessen Seele ihre Liebesfähigkeit
und ihren Glauben an
das Wunderbare nicht verloren hat.

Herzensangelegenheit

Die Kraft der Jugend
und die Weisheit des Alters
kann der Mensch
in sich vereinen,
der sein Herz jung hält,
während sein Körper altert.

Und es gibt keinen
besseren Jungbrunnen
für das Herz als die Liebe.

Vom Holz des Gebens

Wird ein Mensch älter,
wird es nicht selten kälter
im Haus seines Lebens.
Deshalb sollte vom Holz des Gebens
ein guter Vorrat existieren –
gegen das innere Frieren
im Winter der Lebenszeiten,
um Wärme und Licht zu verbreiten,
um die Einsamkeit zu vertreiben
und die Liebe einzuladen zum Bleiben.

DREI DIMENSIONEN

Es gibt drei Dimensionen des Alters.
Die erste wird durch
das Geburtsdatum bestimmt,
die zweite durch das Aussehen
und die körperliche Verfassung.
Die dritte Altersdimension
ist nicht so offensichtlich –
sie ist geistig-seelischer Natur.

Solange ein Mensch
offen für Neues ist
und sich die Fähigkeit bewahrt,
sich vom Leben,
von anderen Menschen,
und auch von sich selbst
überraschen zu lassen,
ist er nicht alt geworden,
auch wenn seine Geburtsurkunde
dies steif und fest behauptet
und sein Aussehen es vermuten läßt.

Nur solange es regnet

Leon war schon öfter am Haus des alten Mannes vorbeigegangen, hatte ihn aber noch nie gesehen. Sein Haus stand rund zweihundert Meter vom Dorfrand entfernt, als wollte es mit den anderen Häusern im Dorf nicht viel zu tun haben.

„Ein alter Spinner. Der hat wohl nicht mehr alle Tassen im Schrank", hatte Leons Vater einmal beim Abendessen gesagt. „Läßt seinen Vorgarten total verwildern und das Haus verkommen. Naja, er ist alt, und vielleicht denkt er sich, es lohnt sich nicht mehr, da noch was zu investieren. Für die paar Jahre, die ihm noch bleiben."

Leon sah den alten Mann zum ersten Mal, als er mal wieder auf dem Weg zum Fluß an seinem Haus vorbeiging. Die Vorhänge im Erdgeschoß waren diesmal nicht zugezogen. Er stand mit seinen weißen Haaren hinter dem Fenster im Erdgeschoß und blickte hinaus auf die Straße.

Leon blieb überrascht stehen und schaute zurück. Eine Weile blickten sie sich an, aber nichts passierte. Dann sah Leon im Gesicht des Mannes ein kleines Lächeln. Oder glaubte, eins zu sehen. Er war sich nicht sicher.

Er ging durch den Vorgarten auf die Haustür zu, ohne genau zu wissen, warum er das tat.

Der alte Mann verschwand von seinem Fenster, als hätte er sich erschreckt.

Leon klopfte trotzdem zweimal an die dunkelbraune massive Holztür. Da war zwar eine Klingel und über ihr ein Schild mit einem Namen, aber Leon wollte nicht klingeln. Er lauschte ins Haus hinein. Nichts. Er klopfte erneut, diesmal dreimal. Das mußte der Mann doch hören! Aber wieder nichts. Es war so still im Haus, als würde dort niemand leben.

Leon klopfte ein drittes Mal, aber auch diesmal geschah nichts.

Als er schon gehen wollte, hörte er Schritte im Haus, und der Mann öffnete ihm die Tür. Seine weißen Haare schienen nichts von Kamm und Bürste zu halten. Das karierte Flanellhemd, das er über seiner grauen Hose trug, war schief geknöpft. Sein Gesicht sah alt aus, aber hatte nicht diesen traurigen, müden oder verbitterten Ausdruck, den man bei vielen alten Leuten sah.

„Was willst du?" fragte er. Nicht gerade freundlich, aber auch nicht unfreundlich.

„Sie haben eben am Fenster gelächelt", sagte Leon.

Der Mann wirkte überrascht. „Habe ich das? Ich kann mich nicht daran erinnern. Was willst du?"

„Keine Ahnung. Ich bin neugierig. Sagen meine Eltern jedenfalls. Vielleicht will ich Sie irgendwas fragen. Ich frage

viel und nerve damit viele."

„Und jetzt willst du mich damit nerven?"

„Wir wohnen noch nicht so lange hier. Erst ein halbes Jahr. Vorher haben wir in der Stadt gewohnt, aber da hatten wir öfter Ärger mit dem Vermieter. Deshalb wollte mein Vater ein eigenes Haus kaufen, aber in der Stadt sind die Häuser so teuer geworden. So sind wir in diesem Dorf gelandet."

„Gefällt es dir hier nicht?"

„Ist schon ganz schön langweilig", sagte Leon. „Aber den Fluß mag ich."

„Und dann klopfst du einfach mal irgendwo an eine Haustür. Aus Langeweile?"

Leon schüttelte den Kopf. „Nein, nicht aus Langeweile."

Es fing an zu regnen.

„Kann ich reinkommen?"

„Wieso?"

Leon hielt die Handflächen hoch. „Na, weil es regnet."

Der alte Mann sah zum Himmel, als wollte er Leons Behauptung überprüfen. Dann schaute er nach rechts und links. „Ich lasse dich nur rein, wenn du mir versprichst, daß du es keinem sagst."

„Wieso soll ich das?"

„Weil die Leute schnell auf dumme Gedanken kommen."

„Welche Leute?"

„Dein Vater und deine Mutter, wenn sie erfahren, daß du bei mir warst. Es gibt gefährliche Männer. Und weil es gefährliche Männer gibt, müssen alle ungefährlichen Männer befürchten, daß man sie für gefährlich hält, wenn sie ein Kind in ihr Haus mitnehmen."

„Aber Sie nehmen mich ja nicht mit in Ihr Haus. Ich will ja rein. Also – darf ich?"

„Kannst du mir versprechen, daß es unter uns bleibt? Hoch und heilig?"

„Versprochen!"

Der alte Mann schaute Leon prüfend in die Augen. Der Junge hoffte, daß er sehen würde, daß auf sein Versprechen Verlaß war.

Der Mann schaute noch einmal nach rechts und nach links. Dann nickte er zweimal. „Okay. Du kannst reinkommen. Aber nur solange es regnet."

Leon folgte dem alten Mann in seine Küche, die voller alter, mit Schnitzereien verzierter Möbel war. Sie setzten sich an den runden Tisch.

„Haben Sie keine Familie?"

„Ich habe eine Tochter, die nach Kanada ausgewandert ist. Ich habe sie vor fünf Jahren zum letzten Mal gesehen. Meine Frau ist vor sieben Jahren gestorben. Mein bester Freund ist vor zweieinhalb Jahren über den Jordan gegangen."

„Das tut mir leid", sagte Leon.

„Wirklich?"

„Ja, wirklich. Jetzt sind Sie ganz allein?"

„So ist das oft, wenn man alt ist."

„Wie alt sind Sie denn?"

„Zweiundachtzig. Und du?"

„Ich werde nächsten Monat zwölf. Aber manchmal fühl ich mich auch allein."

„Das ist nicht gut", sagte der Alte.

„Sind Sie traurig, daß Sie allein sind?"

„Manchmal schon. Aber ich will nicht klagen. Andere in meinem Alter können sich nicht mehr selbst versorgen und müssen in Seniorenheimen leben. Ich habe mein

Haus, meinen Garten, meine Unabhängigkeit. Und an manchen Tagen fühle ich mich gar nicht so übel."

„Wie ist es, über achtzig zu sein?"

„Toll ist es nicht. Mich wundert, daß du mich sowas fragst! Mich wundert, daß du mit mir reden willst. Kinder in deinem Alter mögen keine alten Leute. Normalerweise. Weil sie ihnen vor Augen führen, daß sie irgendwann einmal genauso alt sein werden. Und da gucken sie lieber weg und reden sich ein, daß sie immer jung bleiben."

„Das wäre doch doof, wenn ich Sie nicht mag, bloß weil Sie alt sind. Entweder ich mag jemand, oder ich mag ihn nicht. Das hat nichts mit dem Alter zu tun."

„So ist es auch richtig, Junge. Also, was willst du von mir?"

„Ich glaube, ich will wissen, wie es ist, wenn man so alt ist."

„Ich schätze, das ist bei jedem Menschen anders. Hängt viel von der Gesundheit ab. Die ist bei mir ganz gut, also ist das Altsein für mich gar nicht so übel. Meistens jedenfalls. An manchen Tagen ist es nicht so schön. Man weiß, man ist schon auf der Zielgeraden des Lebens – und das Ziel ist der Tod. Man denkt öfter an den Tod, wenn man alt ist. Viel öfter, als wenn man jung ist. Und man weiß nicht, wie er ist, der Tod. Das ist oft ein mulmiges Gefühl."

„Das verstehe ich. Aber ich denke auch manchmal an den Tod. Seit der Beerdigung von Merle."

„Wer war Merle?"

„Die Tochter unserer Nachbarn, als wir noch in der Stadt wohnten. Sie war zwei Jahre alt und hatte ganz große Augen. Wenn ich ihr in die Augen sah, hatte ich immer das Gefühl, daß sie viel mehr weiß als ich. Obwohl sie noch so ein kleines Mädchen ist. Also war. An einem Abend fing sie an zu husten. Das war aber nicht so schlimm, daß ihre Eltern einen Arzt geholt haben. Und am nächsten Morgen war sie tot." Leon streckte seine Hände aus. „Ihr Sarg war so klein. Wie ein Puppensarg, wenn es sowas gibt."

„Wo wolltest du eigentlich hin?" brach der Mann das Schweigen. „Doch nicht zu mir, oder?"

„Nein, ich wollte zum Fluß runter. Ich sitze da gern am Ufer und schaue auf das Wasser. Wie es so fließt. Ich werde dann immer so schön ruhig."

„Möchtest du so alt werden, wie ich es bin?"

„Ich möchte hundert werden. Und dann einfach umkippen. Von einem Moment auf den anderen. Ohne Krankheit und Schmerzen und so. Einfach umkippen – und weg!"

„Das möchte ich auch. Das möchten alle."

„Ich will nicht so sterben wie meine Oma. Die ist über ein Jahr lang gestorben. Sie hatte Krebs."

„Das tut mir leid, Junge."

„Ist schon okay. Wie oft denken Sie denn an den Tod?"

„Fast täglich. Meistens morgens, nach dem Wachwerden. Doch dann verscheuche ich diesen Gedanken immer sofort. Meistens klappt das gut. Wenn man zu oft an den Tod denkt, verpaßt man das Leben."

Leon nickte. „Macht das Leben immer weniger Spaß, wenn man älter wird?"

„Warum fragst du das?"

„Das hat mal einer im Fernsehen gesagt. In einem Film. Ein alter Gangsterboß oder so. Er hat gesagt, alt werden ist schrecklich. Dann hat er einen jungen Mann erschossen und gesagt, jetzt hat er ihm das Altwerden erspart. Und dann hat er gelacht. Aber das war kein richtiges Lachen. Ist das wirklich schrecklich, alt zu werden?"

„Das kann man so nicht sagen."

„Wie denn?"

„Man darf nicht verallgemeinern. Das gilt nicht nur für das Altern, sondern eigentlich für alles. Meine Mutter ist gern alt gewesen. Sie fühlte sich mit siebzig besser als mit vierzig, hat sie mir öfter gesagt. Freier, selbstbewußter und innerlich stabiler. Die Menschen sind sehr unterschiedlich, Junge. Die meisten mögen das Alter nicht, aber manche mögen es."

„Und Sie mögen es?"

„Mal so, mal so. An manchen Tagen ist es okay, an manchen nicht. Aber das war früher genauso, das gehört zum Leben. Du bist ja auch nicht jeden Tag gut drauf, oder?"
Leon nickte.
„Man ist so alt, wie man sich fühlt. Leider kann man nicht oder nur wenig beeinflussen, wie man sich fühlt. Also ist man jeden Tag jünger oder älter, als man eigentlich ist. So alt, wie man wirklich ist, ist man so gut wie nie."
„Ich glaube, das habe ich jetzt nicht verstanden", sagte Leon.
„Als ich es sagte, habe ich es verstanden. Jetzt verstehe ich es auch nicht mehr", sagte der alte Mann.
Sie lachten.

Als es wieder still in der Küche wurde, hörte man das Prasseln des Regens auf der Fensterscheibe.
„Kommt ganz schön was runter", murmelte der Alte.
„Ja, echt. Danke, daß Sie mich reingelassen haben. Ich denke manchmal, das Leben ist wie ein Berg. Man steigt ihn hoch, und je höher man kommt, desto mehr sieht man."
Der Alte nickte. „Ein guter Vergleich."
„Dann sehen Sie viel mehr und viel weiter als ich!"
Der Alte nickte.
„Und was sehen Sie?"

„Ich sehe mehr. Aber das heißt nicht, daß ich mehr verstehe. Manchmal habe ich das Gefühl, je mehr man vom Leben sieht, desto weniger versteht man es."

„Was sehen Sie denn?"

„Daß die Zeit verdammt schnell vergeht. Die Kindheit dauert lange. Meine hat lange gedauert. Deine dauert nicht mehr so lange, weil das Leben heute viel schneller ist als damals. Meine Kindheit war lang, auch meine Jugend. Später dann wurde die Zeit immer schneller. Und schließlich begann sie zu rasen, und ein Jahr ging im Nu vorbei."

„Was sehen Sie noch?"

„Daß sich alles verändert, auch der eigene Charakter. Ich bin nicht mehr der Mensch, der ich als junger Mann war. Ich bin geduldiger, weniger egoistisch, ich bin ruhiger und langsamer geworden. Nicht langsam aus Schwäche, sondern aus Überzeugung. Je schneller du lebst, desto oberflächlicher lebst du. Und ich habe erkannt, daß man manchmal Gutes verlernen muß, um Besseres lernen zu können. Und ganz wichtig: Daß man immer aufs neue seine Chancen erkennen und sie auch nutzen muß!"

„Welche Chancen?"

„Die Chancen seines Alters. Jedes Alter hat seine eigenen Chancen, und die darf man nicht ungenutzt lassen. Denn sie kommen nie wieder."

„Welche Chancen hat denn mein Alter?"

„Viele, mein Junge. Sehr viele. Zum Beispiel die Chance, die Weichen deines jungen Lebens so zu stellen, daß der Zug in die richtige Richtung fährt!"

„Was ist die richtige Richtung?"

„Ganz einfach: die, die deinem Wesen entspricht. Dazu mußt du natürlich dein Wesen, also dich selbst erkennen. Das ist die Voraussetzung. Und du bist jetzt in einem Alter, in dem dieser Erkenntnisprozeß anfängt. Ein sehr wichtiger Prozeß."

„Kann man sich dabei helfen lassen?"

„Bei der Selbsterkenntnis?"

„Ja."

„Eigentlich nicht. Du mußt schon selbst herausfinden, wer du bist – und dein Leben danach ausrichten. Oder willst du dir von anderen sagen lassen, wer du bist? Woher sollen die das wissen? Du bist verantwortlich für deinen Lebensweg. Und du mußt die Konsequenzen deiner Entscheidungen tragen. Also entscheide dich richtig!"

„Und wie entscheidet man sich richtig?"

„Wer ist man?"

„Naja …"

„Es bringt dir nichts, wenn du verallgemeinerst. Eine Entscheidung, die für dich die richtige ist, ist für einen anderen die falsche. Du mußt immer auf deine innere Stimme hören. Die weiß, wo es langgeht."

„Die innere Stimme?"

„Ja. Dein Gefühl, dein Instinkt, deine Intuition. Wenn du dabei bist, eine falsche Entscheidung zu treffen, kriegst du ein schlechtes Gefühl, und deine innere Stimme schreit *Nein!* Hast du sie noch nie schreien gehört?"

„Doch, hab ich. Noch letzte Woche am Fluß, beim Angeln mit meinem Vater. Als ich meinen ersten Fisch gefangen hatte, hat mir mein Vater einen Hammer gegeben und gesagt, daß ich dem Fisch damit auf den Kopf schlagen soll. Kräftig. Ich hab den Fisch genommen und weit ins Wasser zurückgeworfen. Dann bin ich weggelaufen."

„Siehst du – genau das meine ich. Solche Situationen, in denen du dich entscheiden mußt, das sind die Momente, in denen du die Weichen stellst für deinen Lebensweg. Das ist eigentlich ganz einfach, aber wir Menschen haben das fatale Talent, uns das Leichte schwerzumachen."

In Leon war es ganz ruhig geworden. Er fühlte sich so, als hätte er lange am Flußufer gesessen und dem Fluß beim Strömen zugeschaut. Sein Blick schweifte zum Fenster. Es hatte aufgehört zu regnen.

„So viele Worte habe ich seit Jahren nicht mehr gemacht", sagte der alte Mann.

„Das klingt so, als bedauern Sie es."

„Nein, das bedauere ich nicht. Aber jetzt ist ein guter Moment, sich zu verabschieden."

„Woran erkennen Sie das?"

„Einen guten Abschied erkenne ich daran, daß er nicht weh tut. Eine gute Begegnung erkenne ich daran, daß sie gut tut." Leon stand auf. „Ich glaube, meine innere Stimme hat mir etwas gesagt, als ich Sie am Fenster stehen sah. Sie hat gesagt: Geh in dieses Haus!"

Der Alte lächelte und nickte. „Siehst du, es ist ganz einfach! Solange du deiner inneren Stimme folgst, kannst du nichts falsch machen. Du darfst nur nicht zu früh aufgeben, wenn es nicht sofort klappt. Du hast dreimal an meine Tür geklopft. Beim ersten Mal dachte ich mir, ich lasse dich nicht rein. Beim zweiten Mal habe ich mich gefragt, was du von mir willst. Und beim dritten Klopfen wurde ich neugierig auf dich. Siehst du, ich kann auch noch neugierig sein."

„Ja, das find ich gut."

„Du wirst noch vor vielen Türen in deinem Leben stehen, vor richtigen und vor symbolischen. Und dreimal solltest du mindestens immer anklopfen. Einmal kann zu wenig sein. Fünfmal wäre zuviel. Dreimal ist gut. Laß dich nicht zu schnell abwimmeln, von der Verschlossenheit anderer Menschen, von ihrer Scheu und Unsicherheit, aber auch nicht von deiner eigenen Bequemlichkeit oder Angst. Einige Türen werden dir verschlossen bleiben, und da sagst du dir am besten, wer weiß, wozu es gut ist."

„Danke", sagte Leon und gab dem alten Mann die Hand.

Nachdem er ein paar Meter auf der Straße gegangen war, drehte er sich zu dem Haus um.

Und da stand der alte Mann wieder an demselben Fenster im Erdgeschoß. Und diesmal bestand nicht der geringste Zweifel daran, daß er lächelte.

In diesem Augenblick wußte Leon, daß er wieder an seine Tür klopfen würde. Mindestens dreimal.

ZEITEMPFINDEN

Ist man alt,
hat man das Empfinden,
seine Lebenszeit
sei kurz gewesen.

Ist man jung,
hat man das Empfinden,
erst in einer Ewigkeit
alt zu sein.

SELTENE FREUNDSCHAFTEN

Junge und alte Menschen
leben in unterschiedlichen Welten.
Deshalb ist tiefere Freundschaft
zwischen ihnen eher selten.
Doch wenn sie sich entwickelt,
kann sie sehr wertvoll sein.
Denn Erfahrung und Neugier
ergänzen einander wie Brot und Wein.

MIT ZUVERSICHT

Lebenskunst heißt,
das Leben so zu nehmen,
wie es ist – und ihm das
Bestmögliche abzugewinnen.

Es heißt einerseits,
die Vergänglichkeit
und Ungewißheit zu akzeptieren,
und andererseits,
seine Talente zu entfalten,
seinen Sehnsüchten zu folgen,
seine Wünsche zu verwirklichen –
oder dies zumindest zu versuchen,
mit der Zuversicht,
daß es gelingen wird.

Das Leben bleibt

Haare werden grau –
das Leben bleibt bunt.
Augen werden müde –
das Leben bleibt wach.
Gesichter werden alt –
das Leben bleibt jung.
Der Körper vergeht –
das Leben überlebt.

Keine Frage von Jahren

Alter ist
keine Frage von Jahren.

Alt geworden ist,
wer das Gefühl hat,
seine innere Jugend
hinter sich zu haben.

IHR LÄCHELN

„Die Jahre vergehen umso schneller, je älter man wird",
sagte sie, „das Leben ist wie ein Ball, der einen Hügel her-
abrollt. Aber das hat auch sein Gutes: So vergehen die
Winter schneller, und die Winter hab ich nie gemocht, sie
waren mir immer zu kalt. Früher dauerten sie eine Ewigkeit, jetzt sind sie im Nu vorbei."

„Ich finde es schade, daß die Zeit umso schneller läuft, je
langsamer der Mensch läuft", sagte er, „das paßt irgendwie
nicht zusammen, wie so vieles im Leben. Es ist nicht fair,
daß die wenigen Jahre, die uns beiden noch verbleiben,
auch noch so schnell vergehen müssen. Das ist einfach
nicht fair", wiederholte er.

„Weißt du noch, als wir jung waren?" fragte sie und lächelte
ihn an. „Was wir alles erlebt und gefühlt haben!"

„Natürlich weiß ich das", erwiderte er, „aber es tut mir weh,
daran zu denken, weil es mir vor Augen führt, was uns die
Zeit gestohlen hat, diese nimmersatte Kleptomanin!"

„Ich denke sehr gern daran", sagte sie, „an all das Schöne,
was sie uns geschenkt hat, an die Wunder, den Zauber, die
Liebe. Ich kann ihr nicht böse sein, daß sie nicht nur gibt,
sondern auch nimmt. Ich bin ihr für immer dankbar, denn
sie hat uns soviel geschenkt, daß es gereicht hätte für drei
Leben. In unserer Verliebtheit waren wir wie zwei zauber-
hafte Bäume in voller, nicht endenwollender Blüte, deren
Duft uns immer aufs neue berauscht hat!"

„Ja", sagte er, „doch die Winde und Stürme der Zeit haben die Bäume schief wachsen lassen, und blühen können sie schon lange nicht mehr."

„Mag sein", räumte sie ein, „sie mögen windschief geworden sein, aber sie haben noch Blätter! Kein Sturm konnte sie entwurzeln, kein Blitz konnte sie treffen. Und manchmal blühen sie auch noch. Innerlich! Wenn man genau hinsieht, kann man es erkennen."

Er verzog den Mund, wollte etwas sagen, doch ihr Lächeln ließ ihn verstummen – dieses Lächeln, das ihn so oft sprachlos gemacht hatte mit seiner Schönheit, seiner Anmut, seiner Selbstvergessenheit.

Und er war froh, daß die diebische Zeit ihr dieses Lächeln nicht gestohlen hatte. Mehr noch, er war glücklich darüber, und ohne daß er es wirklich merkte, begann auch er zu lächeln, zum zigtausendsten Mal angesteckt von ihrem magischen Lächeln, das seinen Zauber nicht verloren hatte in all den Jahren und Jahrzehnten: ein Zauber, der die Zeit anhalten konnte.

Und er sagte kein Wort mehr, mußte sie einfach in die Arme nehmen und spürte die Tränen auf seinem Gesicht – und plötzlich war da nur noch Dankbarkeit und tiefe Freude in seinem Herzen: ein völlig unverhofftes, großes Gefühl.

Und die Zeit stand ganz still.

UNHALTBAR

Kein Glück ist von Dauer,
aber auch kein Unglück –
die Vergänglichkeit ist
eine zuverlässige Kraft.
Doch das ist kein
Grund zur Resignation,
sondern ein zusätzlicher Reiz,
das Glück in vollen Zügen
zu genießen,
gerade weil es sich
nicht halten läßt.

Neu gewichten

Der große Vorteil
eines reiferen Alters
besteht in der Möglichkeit,
auf der Basis seiner
gesammelten Lebenserfahrungen
die Prioritäten seines
zukünftigen Lebens
anders zu gewichten –
und es neu zu sichten.

Vorteilhaft

Ein großer Vorteil
des Altseins besteht darin,
daß man die Nachteile
des Jungseins nicht mehr
in Kauf nehmen muß.

WAS DIE MEISTEN VERGESSEN

Ein Philosophiestudent fragte seinen Professor: „Worin liegt der Sinn des menschlichen Lebens?"

„Worin liegt der Sinn des Lebens einer Blume?" fragte sein Professor zurück.

„Nun, sie keimt, sie wächst, sie blüht – und verwelkt."

„Darin besteht auch der Sinn unseres Lebens", sagte der Philosoph. „Im Keimen, im Wachsen, im Blühen und Verwelken. Doch die meisten Menschen vergessen das Blühen."

Eine ideale Haltung

Es gibt kein ideales Alter.
Aber es gibt eine ideale Haltung
gegenüber jedem Lebensalter,
die ganz einfach darin besteht,
dessen jeweilige Möglichkeiten
beherzt und zuversichtlich zu nutzen.

Das ideale Alter ist jeder Augenblick
mit einer schönen Aussicht auf
ein mögliches Glück.

Das Gute sehen

Ebenso wie ein junger Mensch
sich die Freude an seinem Jungsein
nicht durch allzu häufiges
Denken daran verderben soll,
daß Jugend vergänglich ist,
sollte sich ein älterer Mensch
die guten Seiten seiner Lebensphase
nicht durch das allzu häufige
Bedauern und Beklagen verderben,
nicht mehr der Jüngste zu sein.

KOSTE DEIN GLÜCK AUS

Betrachte deine Probleme und Sorgen,
deine Fehler und Versäumnisse
im Bewußtsein ihrer Vergänglichkeit,
womit du ihnen viel
von ihrer Macht über dich nimmst.
Koste dein Glück
und deine Freude ganz aus,
gerade weil du dir
ihrer Vergänglichkeit bewußt bist.

DER ALTE MANN UND DIE ZEIT

Ein alter Mann bekam Besuch von der Zeit und nutzte die Gelegenheit, sie zu fragen, warum die Tage immer kürzer werden, je älter ein Mensch wird.

„Es sind die Illusionen, die den Tag lang erscheinen lassen", erklärte die Zeit. „Mit dem Älterwerden verliert der Mensch seine Illusionen – auch die Illusion, daß ich langsam vergehe, denn in Wahrheit bin ich immer in Eile."

„Doch manchmal bleibst du stehen", wandte der alte Mann ein.

„Ja", sagte die Zeit und lächelte, „wenn die Liebe sich mir in den Weg stellt."

ERWARTUNG UND WISSEN

In der Jugend
erwarten wir von der Liebe,
daß sie uns glücklich macht.

Im Alter wissen wir,
daß die Liebe am liebsten
die Menschen beglückt,
die es verstehen,
sich selbst glücklich zu machen.

DER SCHWARZE SCHWAN

Die aparte Dame, die allein auf einem der Fensterplätze in einem Sechser-Abteil des Zuges saß und aus dem Fenster blickte, mochte um die Fünfzig sein. Ihre schwarzbraunen Haare waren offensichtlich gefärbt oder getönt. Vielleicht galt ihr Blick der Sonne, die nicht mehr weit über dem Horizont stand. Vielleicht war es auch einer jener Blicke, die kein Ziel haben, sondern gleichgültig oder gedankenverloren in die Ferne gerichtet sind.

Ihre fein geformten Hände lagen auf einem aufgeschlagenen Buch auf ihrem Schoß. Ihre elegante schwarze Kleidung und ihr kostbarer, geschmackvoller Schmuck deuteten darauf hin, daß sie nicht unter Geldmangel litt. An ihrem dezent geschminkten Gesicht sah man, daß sie in ihrer Jugend eine außergewöhnlich schöne Frau gewesen war, deren Schönheit sich im Laufe der Jahre verändert hatte, reifer geworden war – wie sie selbst.

Als eine schüchtern wirkende, unscheinbare Frau mit ergrautem Haar, die etwa in ihrem Alter sein mochte, die Tür zu ihrem Abteil öffnete, warf die Dame am Fenster ihr einen kurzen, nicht gerade freundlichen Blick zu und sah sofort wieder ins Freie, was nicht gerade eine einladende Reaktion war.

„Guten Tag. Ist hier noch ein Platz frei?" fragte die Frau mit freundlicher, unaufdringlicher Stimme. Sie war offensichtlich am letzten Bahnhof zugestiegen und ließ sich entweder von dem abweisenden Verhalten ihrer Mitreisenden nicht beeindrucken oder hatte es nicht als solches wahrgenommen. „Ich habe kein leeres Abteil gefunden", fügte sie hinzu, als wollte sie sich für ihr Erscheinen rechtfertigen oder gar entschuldigen.

Die Dame nickte, erwiderte den Gruß mit einem gleichgültigen Gesichtsausdruck, hob das Buch von ihrem Schoß und setzte ihre unterbrochene Lektüre fort.

Die neu Zugestiegene nahm auf dem mittleren gegenüberliegenden Sitz platz, nachdem sie ihre Reisetasche umständlich auf der Ablage verstaut und ihren grauen Mantel ausgezogen hatte. Auch ihre Kleidung war unauffällig grau. Sie nahm ein Buch aus ihrer Reisetasche, knipste die Lampe über ihrem Sitz an und begann ebenfalls zu lesen.

Sie war eine unauffällige Erscheinung, die keinen nachhaltigen Eindruck hinterließ – einer jener Menschen, die man sah und ein paar Sekunden später schon vergessen hatte.

Da saßen sie in einem Abteil: zwei Frauen, die kaum unterschiedlicher hätten sein können und deren einzige Gemeinsamkeit das Interesse am Lesen zu sein schien. Wenn man sie so betrachtete, fielen einem unwillkürlich zwei Bezeichnungen zur Charakterisierung ihrer Erscheinungen ein: der schwarze Schwan und die graue Maus.

Nachdem fast eine Stunde vergangen war, in der die beiden Frauen kein Wort miteinander gewechselt hatten, wurde die Abteiltür abrupt von einem jungen Mann geöffnet, der nach Schweiß und Alkohol roch. Offensichtlich war er in schon angetrunkenem Zustand am letzten Bahnhof zugestiegen. Er warf seine Reisetasche auf einen Sitz und setzte sich auf den gegenüberliegenden Platz.

Die beiden Frauen sahen von ihren Büchern auf und tauschten erstmals wieder einen Blick, mit dem sie sich signalisierten, daß ihnen die unverhoffte Gegenwart des verschwitzten Mannes ganz und gar nicht behagte, der ebenso gruß- wie achtlos in ihr Abteil eingedrungen war und sich so verhielt, als seien sie gar nicht anwesend. Er lehnte sich mit einem Seufzer zurück und legte die Füße auf seine Reisetasche. Dann rülpste er ungeniert.

Die Dame in Schwarz legte ihr Buch zur Seite und sagte zu ihm: „Ich möchte Ihnen ein Angebot machen. Sie lassen uns wieder allein, begeben sich in den Speisewagen und gönnen sich eine Flasche Sekt. Was halten Sie davon?"

Der Mann sah die Frau mit einem überraschten und skeptischen Blick an.

„Sie wollen mich loswerden?"

„Wenn Sie es so ausdrücken wollen."

„Moment mal! Sie haben nicht das ganze Abteil reserviert, oder? Ich kann in diesem Zug sitzen, wo ich will."

Die Frau nickte ungerührt, griff zu ihrer Handtasche und zog ein großes Portemonnaie daraus hervor, dem sie einen 50-Euro-Schein entnahm. „Natürlich können Sie das. Aber vielleicht fühlen Sie sich im Speisewagen bei einer guten Flasche Sekt, zu der ich Sie hiermit einlade, wohler als in diesem Abteil. Hier, nehmen Sie!"

Der unerwünschte Eindringling starrte ungläubig auf den Geldschein, zog seine Stirn in Falten und gab eine Art Grunzen von sich, das er ein paar Sekunden später wiederholte, um schließlich mit überraschender Geschwindigkeit der Dame die Banknote aus der Hand zu ziehen, als hätte er Angst bekommen, daß sie ihr Angebot zurücknehmen könnte.

Er steckte das Geld in die Brusttasche seines Hemdes, stand ruckartig auf, griff zu seiner Tasche und verließ das Abteil ebenso grußlos und grob, wie er es betreten hatte.

„Ich danke Ihnen", sagte die graue Maus. „Das war wohl die einzige Art, ihn loszuwerden."

„Kein Dank nötig", erwiderte der schwarze Schwan. „Das habe ich für mich selbst getan."

Die Maus bückte sich und hob ein Photo vom Boden auf.

„Das ist Ihnen eben aus dem Portemonnaie gefallen", sagte sie und warf einen verstohlenen Blick auf das Bild, bevor sie es ihrer Mitreisenden reichte. „Mein Gott! Was für ein wunderschönes Gesicht! Das sind doch Sie, nicht wahr?"

„Das war ich mal. In einer anderen Zeit. In einem anderen Leben", sagte der Schwan in melancholischem Tonfall und nahm das Photo entgegen.

„Darf ich es vielleicht noch mal anschauen?"

„Wenn Sie wollen."

Die Maus betrachtete das Portraitphoto fast eine Minute lang und gab es schließlich seiner Besitzerin zurück.

„Wie alt waren Sie, als dieses Bild gemacht wurde?"

„Mitte Zwanzig. Es war eine wunderbare Zeit damals. Doch das ist schon lange vorbei. Ein für allemal."

„Sie sagen das so bitter."

„Das ist bitter."

„Ich habe selten ein so schönes, so beseeltes Gesicht gesehen. Diese Augen! Dieser Mund! Und alles paßt perfekt zusammen. Einfach wunderschön!"

Zum ersten Mal erschien auf dem Gesicht des Schwans der

Ansatz eines Lächelns. Sie schob das Photo wieder in ihr Portemonnaie zurück.

„Ein solches Gesicht ist ein Geschenk des Himmels, das nur ganz wenige Menschen erhalten. Sie können sich glücklich schätzen."

Das Lächeln verschwand wieder. „Ich konnte mich glücklich schätzen. Aber wie glücklich ich mich schätzen konnte, ist mir erst bewußt geworden, als mein Gesicht seine Schönheit zu verlieren begann."

„Ich war nie schön", sagte die Maus. „Nicht als Mädchen, nicht als junge Frau, und jetzt schon gar nicht. Ich war schon immer jemand, der nicht auffiel, der übersehen wurde. Nicht häßlich, aber völlig unscheinbar."

„Seien Sie froh! So hatten Sie nicht so viel zu verlieren, als Ihr Alterungsprozeß begann."

„Sie meinen, ich soll froh darüber sein, daß ich nie hübsch, daß ich nie attraktiv war?"

„Nein nein! Ich wollte nur sagen, daß Ihnen die Qual erspart blieb, an Attraktivität zu verlieren, wenn Sie mit ihr, durch sie und von ihr gelebt hätten. Ich wollte Sie wirklich nicht kränken. Verstehen Sie, wie ich es gemeint habe? Und außerdem ist Schönheit etwas Relatives. Geschmackssache."

Die Maus nickte. „Ja, ich verstehe, was Sie meinen. Aber wenn ich die Wahl gehabt hätte, wäre ich lieber schön gewesen, als so unscheinbar. Wissen Sie, manchmal hatte ich das Gefühl, unsichtbar zu sein."

„Ich wollte Sie wirklich nicht kränken. Es war nicht sonderlich sensibel von mir, was ich eben gesagt habe. Es tut mir leid. Ich habe in diesem Moment nur an mich gedacht."

„Sie brauchen sich nicht zu entschuldigen, wirklich nicht. Sie wollten mich ja nicht kränken. Die Absicht zählt. Letztlich zählt immer die Absicht … Ich würde mich gern an den Kosten beteiligen."

„An welchen Kosten?"

„An dem Preis unserer Befreiung von diesem unangenehmen Menschen, der uns den Rest unserer Reise verleidet hätte."

Die Maus öffnete ihre Handtasche.

„Nein, auf keinen Fall! Bitte lassen Sie Ihr Geld da, wo es ist. Ich habe in diesem Moment nur an mich gedacht. Das ist eine alte, aber keine gute Gewohnheit. Wenn man jahrzehntelang immer umworben, hofiert und bewundert wird, fühlt man sich irgendwann wie der Mittelpunkt des Universums und verlernt die Fähigkeit, sich in andere Menschen einzufühlen. In dieser Hinsicht habe ich einen großen Nachholbedarf. Sie kennen doch sicherlich das Vorurteil, daß schöne Menschen die Entfaltung ihrer inneren Werte vernachlässigen, weil sie ja schon mit ihren äußeren Werten so gut wie alle Türen öffnen können, die sie öffnen wollen."

„Ja, ich kenne dieses
Vorurteil."

„Es ist mehr als
ein Vorurteil. Es
ist in neun von zehn
Fällen Realität. Wenn man es leicht hat im Leben, wenn
einem so gut wie alles geschenkt wird, bloß weil man ein
schönes Gesicht hat, ist die Gefahr groß, daß man auf der
geistigen und seelischen Ebene stagniert, daß man unreif
bleibt. Ein egoistisches Kind, das in einer kleinen Welt
lebt, deren Mittelpunkt es selbst ist."

„Waren Sie so?"

„Glücklicherweise nicht. Meine Liebe zum Lesen und zum
Musikhören hat mich davor bewahrt. Es ist unmöglich,
tiefsinnige Bücher zu lesen und oberflächlich zu bleiben.
Es ist unmöglich, gute Musik zu hören und nicht irgendwann zu verstehen, daß es eine weitaus größere Welt gibt
als die eigene."

„Das haben Sie schön gesagt, Frau ..."

„Nennen Sie mich Marlene. Ich mag dieses Frau Dings-
bums oder Herr Sowieso nicht."

„Ich heiße Anna", sagte die Maus und lächelte scheu.

„Ich habe zwei Jahre in Kalifornien gelebt. Dort wurde
übrigens das Photo gemacht, das Sie so berührt hat. Die

Amerikaner haben sicherlich ihre Fehler, aber sie sind nicht so steif im Umgang miteinander wie wir. Sie nennen sich beim Vornamen, und manche haben eine ganz beeindruckende, echte Herzlichkeit."

„Ich war noch nie in den USA. Sie sind bestimmt viel gereist."

„Ja, das bin ich. Mir war kein Weg zu weit, und auf jeder Reise ist Gutes geschehen. Schönheit ist eine Währung, die in allen Ländern der Welt gern gesehen wird und Türen öffnet. Damals hatte ich auch eine Energie und eine Frische, die so vieles möglich machte. Als ich fünfzig wurde, ging es damit bergab. Seitdem fühle ich mich oft irgendwie müde – und reise deshalb nicht mehr so gern, denn Reisen ist anstrengend."

„Darf ich Sie fragen, ob Sie schon immer ein so bezauberndes Gesicht hatten, schon in Ihrer Kindheit?"

Marlene nickte. „Schon als kleines Mädchen merkte ich, was ich bei den Menschen erreichen konnte, wenn ich sie einfach nur anlächelte. Und ich lächelte gern, denn ich war ein lebensfrohes Kind. Doch ich setzte meine Wirkung eher instinktiv oder unwillkürlich ein. Erst mit dreizehn oder vierzehn wurde mir richtig bewußt, was für eine erstaunliche Wirkung ich auf andere Menschen hatte. Wenn ich irgendwo erschien, änderte sich alles. Gespräche stockten, Blicke wandten sich mir zu. Das lag aber nicht nur an meinem Aussehen, sondern auch an meiner Ausstrahlung. Eins bedingte das andere. Wo ich auftauchte, ereignete sich etwas. Ja, ich war ein wandelndes Ereignis. Und das bin ich heute nicht mehr. Wenn ich heute einen Raum betrete, verändert sich die Atmosphäre nicht mehr. In dem Maße, wie ich meine Schönheit eingebüßt habe, ging mir auch meine Ausstrahlung verloren."

„Sie sind doch immer noch eine schöne Frau!"

„Nein! Ich bin eine Frau, der man ansieht, daß sie einmal eine schöne Frau war. Und das ist furchtbar. Es ist, als würde ich bestraft. Dabei habe ich nichts Böses getan. Ich habe meine Schönheit nicht mißbraucht und nie für fragwürdige Zwecke eingesetzt. Ich bin einfach nur älter geworden. Das ist kein Vergehen, aber es wird wie ein Vergehen bestraft. Es ist furchtbar, älter geworden zu sein."

„Wann begann es? Wann spürten Sie, daß sich die Atmosphäre nicht mehr veränderte, wenn Sie irgendwo erschienen?"

„Es begann nicht mit einem Schlag, sondern schleichend. Nach und nach. Ich habe mich schon früh bemüht, mein jugendliches Aussehen zu bewahren, aber das hat den unvermeidlichen Prozeß nur hinausgezögert. Als ich nicht länger vor mir verleugnen konnte, daß mein Gesicht seine Schönheit und meine Ausstrahlung ihre Wirkung verlor… da war ich Ende Vierzig. Von da an versuchte ich, die Spuren des Alterns mit etwas mehr Schminke als früher und mit regelmäßigen Haartönungen soweit wie möglich zu vertuschen. Nun habe ich die Fünfzig überschritten und weiß, daß ich unwiderruflich all das verloren habe, was mein Leben intensiv, spannend und aufregend machte."

Die nun einsetzende Gesprächspause war von fast greifbarer Intensität und dauerte Minuten.

„Es ist schlimm, was die Zeit aus Gesichtern macht", sagte Marlene schließlich. „Es ist traurig, deprimierend und nicht selten sogar grotesk. Manche Gesichter sehen im Alter aus wie boshafte Karikaturen ihrer eigenen Jugend. Manche werden von der Zeit bis zur Unkenntlichkeit entstellt. Als sei der alte Mensch nicht mehr derselbe, der er als junger Mensch war. Und in gewisser Weise ist er es ja auch nicht mehr. Es ist hart, es ist gemein – und vor allem grausam. Das Leben geht brutal mit dem Gesicht eines Menschen um." Marlene schüttelte langsam den Kopf, als könne sie nicht glauben, was sie doch wußte. „Das Leben ist grausam zur Schönheit", sagte sie.

„Nicht nur zur Schönheit", sagte Anna. „Es ist in so vieler Hinsicht grausam. Man muß deshalb stark sein."

„Und wenn man es nicht ist?"

„Dann muß man sich stark machen."

„Ja, das muß man. Aber manchmal ist es so schwer."

Anna nickte. „Ja – aber …"

„Aber?"

„Aber manchmal ist es auch ganz leicht. Man muß nur den richtigen Gedanken denken, den richtigen Ton treffen, die richtige Tür öffnen. Und plötzlich ist das Leben das, was es im Grunde ist."

„Und was ist es?"

„Ein Geschenk."

„Ein Geschenk?" fragte Marlene. „Na gut, ein Geschenk. Aber eins, das man mit den Jahren mehr und mehr verliert. Wie ein Baum seine Blätter im Herbst. Ja, das ist mein Leben jetzt: ein Baum im Herbst."

Anna schüttelte fast unmerklich den Kopf, als wolle sie Marlene innerlich widersprechen, sagte aber nichts.

„Aber das erkennt man erst, wenn der Baum seine Blätter zu verlieren beginnt. Und auch dann macht man sich noch so lange wie möglich vor, daß die Blätter wieder wachsen werden. Bis man endgültig verstanden hat, daß es keinen Frühling mehr geben wird. Daß nur immer mehr Blätter abfallen werden – und dann der Winter kommt. Und daß der Winter noch kälter, noch härter und brutaler sein wird als der Herbst. Aber davon weiß man im Frühling und im Sommer seines Lebens nichts, oder man will nichts davon wissen. Und das ist auch gut so. Man hat eine gewisse Beschwingtheit und denkt, daß man sie immer haben wird. Im Grunde lebt man im Paradies, aber das weiß man nicht. Denn mit dem Paradies ist es so: Man weiß erst, daß man darin gelebt hat, nachdem man daraus verstoßen wurde."

„Ich habe nie in einem solchen Paradies gelebt", sagte Anna und hob die Handflächen zu einer resignierten Geste. „Ich mußte mich schon früh damit abfinden, daß ich nur die Krümel der Kuchenstücke bekam, die das Leben den attraktiven Menschen schenkt. Ich war unsichtbar, wirkungslos, ich konnte bei den anderen, vor allem bei den Jungen und Männern, kein Begehren, kein Interesse erwecken. Mir wurde nie hinterhergesehen, ich fiel einfach nicht auf. Ich fand es ungerecht, daß die Männer so auf das Äußere der Frauen fixiert sind und sich nicht für ihr Inneres interessieren, denn da hatte ich sicherlich einiges zu bieten. Ich habe schon früh gute Bücher gelesen. Ich liebte Bücher und habe so viel aus ihnen gelernt. Manche der Schriftsteller und Dichter, denen ich unsagbar viel zu verdanken habe, waren schon tot. Hermann Hesse, Stefan Zweig, Rainer Maria Rilke. Aber wenn ich sie las, lebten sie, waren sie für mich lebendiger als die Menschen, mit denen ich zur Schule und später zur Universität ging. So absurd es auch klingen mag: Ich hatte ein tieferes, schöneres und wertvolleres Verhältnis zu einigen Toten, als zu den Lebenden."

„Sie waren also ein Bücherwurm?"

„Ja, seit meinem zwölften Lebensjahr. Und ich bin es heute noch und werde es sein, solange meine Augen sehen können. Schrift wirkt so unscheinbar, so nüchtern, eine Abfolge von Buchstaben und Wörtern. Aber sie kann einen Zauber in sich tragen, der dem Leben viel Wert und Sinn und Freude schenken kann! Ich verdanke der Literatur so viele kostbare Einsichten, sie hat mich sanft, aber mit sicherer Hand auf den richtigen Weg durch mein Leben geführt. Und sie wird es weiterhin tun. Gute Bücher sind gute Freunde. Und manche sind noch mehr als das."

„Und was sind sie?"

„Sie sind Balsam für die Seele, Trost für das Herz, Nahrung für den Geist. Sie tragen einen Zauber in sich. Man kann sie kaufen, aber sie sind im Grunde unbezahlbar."

„Ich habe auch immer gern gelesen", sagte Marlene. „Aber oft passierte so viel, daß ich nicht zum Lesen kam. Ich habe so viel erlebt. Ich könnte unglaubliche Geschichten erzählen, ich könnte ganze Romane mit meinen Erlebnissen füllen."

„Dann tun Sie es!"

Marlene verzog den Mund. „Ich weiß nicht … Ich fürchte, mir fehlt das dazu erforderliche Talent. Es reicht ja nicht, seine Erfahrungen aufzuschreiben. Das können viele. Man muß diesen Zauber, von dem Sie eben sprachen, in die

Worte legen können, die man zu Papier bringt. Das können nur wenige. Und ich glaube nicht, das ich zu ihnen zähle."

„Haben Sie es denn schon mal richtig probiert?"

„Nein. Noch nicht."

„Aus Angst vorm Scheitern?"

„Aus Angst vor der Traurigkeit, die mich niederdrücken wird, wenn ich mich in die Zeit zurückversetze, als ich noch jung und schön war. Als das Leben ein einziges spannendes Abenteuer und die Welt meine Spielwiese war. Als ich jeden Mann, der mir gefiel, für mich einnehmen konnte. Es würde mir wehtun, über ein Leben zu schreiben, das die Zeit mir gestohlen hat. Die Zeit ist eine Meisterdiebin. Man hat keine Chance gegen sie. Sie läßt sich nicht erweichen, nicht bestechen, sie ist unbarmherzig bis ins Mark. Vor dem Gesetz sind wir angeblich alle gleich, vor der Zeit sind wir es tatsächlich."

„Liegt darin nicht ein Trost?"

Marlene schüttelte den Kopf. „Es tröstet mich nicht zu sehen, daß auch andere Frauen ihre Schönheit verlieren. Es tröstet mich ganz und gar nicht. Ich habe nie verstanden, wie es manchen Menschen gelingt, sich mit dem Gedanken hochzuziehen, daß es anderen genauso oder noch schlechter ergeht als ihnen."

Eine Weile stockte das Gespräch wieder, und nur das Fahrgeräusch des Zuges erfüllte das Abteil mit seiner Monotonie.

„Jetzt reden wir schon eine ganze Weile miteinander und haben uns noch nicht danach gefragt, wie wir leben, welchen Beruf wir haben, ob wir verheiratet sind, ob wir Kinder haben – all das, was Menschen sich normalerweise zuallererst fragen, wenn sie miteinander ins Gespräch kommen", stellte Anna fest. „Ist das nicht seltsam?"

„Wir führen ja auch kein Gespräch, das Fremde normalerweise führen", antwortete Marlene. „Wir haben ohne Zögern Dinge von uns preisgegeben, die wir vielleicht nicht einmal einer guten Freundin sagen würden."

„Vielleicht weil wir wissen, daß wir uns nach diesem Gespräch nicht wiedersehen", erwog Anna. „Daß wir Fremde bleiben werden. Da braucht man keine Angst zu haben, daß die eigenen Bekenntnisse irgendwann einmal vielleicht gegen einen verwendet werden."

Marlene nickte. „Und, sind Sie verheiratet, haben Sie Kinder?"

Anna senkte den Blick, als würde sie sich schämen. „Nein. Ich habe mir beides gewünscht, schon als Mädchen, es war der größte Wunsch meines Lebens. Aber ich bin leider nicht dem Mann begegnet, mit dem ich gern eine Familie gegründet hätte ... Nein, das stimmt nicht. Es gab einen

Mann in meinem Leben, mit dem ich es gern getan hätte. Und er wäre vielleicht auch dazu bereit gewesen. Aber er hatte schon eine Frau und ein Kind, und ich wollte seine Familie auf keinen Fall zerstören. Also habe ich mich von ihm zurückgezogen, auch wenn es mir das Herz zerrissen hat. Er war der einzige Mann, der mich gesehen hat, für den ich nicht unsichtbar war. Aber er war nicht frei."

„Er wäre vielleicht dazu bereit gewesen, den größten Wunsch Ihres Lebens zu erfüllen, und Sie haben sich zurückgezogen? Sie haben Ihre Chance auf Ihr großes Glück nicht genutzt?"

„Ja."

„Warum?"

„Man darf sein Glück nicht auf dem Unglück anderer Menschen aufbauen."

„Wer sagt das?"

„Mein Herz. Mein Gewissen."

Marlene atmete tief durch und massierte sich mit den Fingerspitzen die Stirn, als wollte sie einen Kopfschmerz vertreiben. „Ich habe auch ein Herz und ein Gewissen, aber ich habe jede mögliche Chance genutzt, Glück zu erleben", sagte sie schließlich. „Unter meinen Geliebten waren einige Männer, die verheiratet waren, in wilder Ehe lebten oder eine feste Freundin hatten. Ich hatte aber deswegen keine Gewissensbisse. Wenn sie ihrer Frau oder Freundin untreu wurden, um Glück mit mir zu erleben, dann mußten sie das doch mit ihrem Gewissen ausmachen. Warum sollte ich Verantwortung für ihre Partnerinnen übernehmen, wenn sie es nicht taten?"

Anna seufzte. „Diese Frage habe ich mir damals auch gestellt, immer wieder. Aber es gelang mir nicht, damit so gelassen umzugehen wie Sie. Ich konnte mich nicht von dem Gedanken befreien, daß ich zumindest eine Mitverantwortung trug."

Marlene warf ihrer Reisebegleiterin, deren Stimme immer leiser und kläglicher geworden war, einen prüfenden Blick zu. „Könnte es sein, daß Sie noch einen anderen Grund dafür hatten, sich von diesem Mann zurückzuziehen?"

Anna wirkte überrascht. „Was für einen Grund?"

„Einen weniger selbstlosen."

„Ich weiß nicht, worauf Sie hinauswollen."

„Vielleicht hatten Sie einfach nur Angst vor Ihrer eigenen Courage. Manchmal wünschen Menschen sich etwas aus ganzem Herzen. Doch wenn sie dann einen Schritt vor der Erfüllung ihres Wunsches stehen, ergreift sie plötzlich eine seltsame Lähmung – und sie bekommen Angst vor dem, was sie sich so sehr ersehnt haben."

„Wieso sollten sie das?"

„Weil es ein furchtbarer Schmerz ist, wenn ein großer Lebenstraum nicht das hält, was man sich von ihm versprochen hat. Es tut sehr weh, wenn ein solcher Traum unter die Räder der Realität kommt. Und die meisten Menschen vermeiden lieber einen möglichen Schmerz, als etwas zu riskieren für ein mögliches Glück. Nicht die Sehnsucht nach Erfüllung, nicht der Wunsch zu lieben, nicht der Wille zum Glück bestimmen das Handeln vieler Menschen, sondern die Angst vor Verletzungen, vor Enttäuschungen, die Angst vor dem anderen. Aber das wollen sie sich nicht eingestehen, niemand möchte vor sich selbst gern als Feigling dastehen. Und deshalb greifen sie nach allem, was nach einer guten Ausrede aussieht."

Anna senkte den Blick und schien verwirrt zu sein. „Ich weiß nicht ... Ich weiß nicht wirklich, was die tiefsten Gründe dafür waren, daß ich mich von diesem Mann zurückgezogen habe. Ich habe lange schlaflose Nächte verbracht, in denen meine Sehnsucht mit meinem Gewissen kämpfte. Aber eigentlich glaube ich nicht, daß ich Angst vor der Erfüllung meiner Sehnsucht hatte. Ich glaube, ich hatte vor allem Angst davor, die Last einer zerstörten, von mir zerstörten Familie tragen zu müssen. Eine Last, mit der ich niemals glücklich geworden wäre ... Doch vielleicht täusche ich mich auch – und war einfach nur ein Feigling. Wer kann schon bis auf den tiefsten Grund seiner

Seele schauen? Ich weiß nur, daß ich letztlich nicht anders handeln konnte. Ich habe über ein Jahr unter meiner Entscheidung gelitten, mochte morgens nicht mehr aufstehen, hatte keine Freude mehr, nicht mal mehr am Lesen."

„Sie sind in eine Depression gefallen?"

Anna nickte. „Ja, das bin ich wohl. Aber irgendwann, nachdem ich durch den Sumpf meiner Traurigkeit gegangen war, empfand ich Dankbarkeit."

Marlene wirkte überrascht. „Dankbarkeit? Wofür?"

„Daß ich diesem Mann begegnet war. Einfach nur dafür, daß ich ihm begegnet war. Denn seine Existenz hatte mir bewiesen, daß meine Sehnsucht kein lebensfremder Traum gewesen war, sondern eine reale Möglichkeit. Auch wenn es ihr nicht vergönnt war, wirklich zu werden, aus welchen Gründen auch immer … Ich kann mir vorstellen, daß Ihr Liebesleben ganz anders verlaufen ist. Wahrscheinlich haben Sie jedes Jahr einen Heiratsantrag bekommen."

Marlene lachte kurz auf. „Ja, es gab tatsächlich einige Männer, die mich heiraten wollten. Darunter zwei, die mich dazu brachten, ernsthaft über die Möglichkeit einer Ehe mit ihnen nachzudenken. Diese Überlegungen haben mich schließlich zu der Erkenntnis geführt, daß ich nicht für die Ehe geeignet bin, sondern allein für die Liebe."

„Aber das muß doch kein Widerspruch sein!"

„Das ist es aber oft. Liebe braucht Freiheit, Ehe ist das Ende der Freiheit. Wenn ich einem Mann mein Jawort gebe, verspreche ich ihm, daß ich alles dafür tun werde, um mit ihm zusammen alt zu werden. Doch das war nie meine Absicht. Ich wollte solange wie möglich jung bleiben, verliebt in die Liebe bleiben. Die Festlegung auf einen einzigen Mann hätte meine Möglichkeiten eingeschränkt, die Vielfalt der Liebe zu leben. Was ich brauchte, konnte mir ein Mann allein nicht geben. Ich war in dieser Hinsicht unersättlich. Ich konnte nie genug Liebe fühlen."

„Was war Ihnen wichtiger: Liebe zu bekommen – oder Liebe zu geben?"

„Am schönsten war es immer, wenn beides eins wurde. Wenn Liebe, die ich gab, zugleich Liebe war, die ich empfing. Ich habe immer für die Liebe gelebt, und ich lebe immer noch für sie. Aber sie fliegt mir nicht mehr so oft und so leicht zu wie in meinen jüngeren Jahren. Und sie ist gefährlicher geworden für mich. Im Sommer hat sie sich mir auf schmerzhafte Weise verweigert. Genauer gesagt, ein junger Mann hat mir seine Liebe verweigert. Er war ein paar Tage lang unentschlossen, ließ mich hoffen – und dann fallen. Er hat mir nicht den Grund dafür genannt. Nicht mit Worten. Es war sein Blick, in dem ich lesen konnte, daß ich zu alt für ihn war, um mir seine Liebe zu schenken. Dieser Blick war wie ein Spiegel, in dem ich die

Wahrheit erkennen mußte. Die bittere Wahrheit, daß ich auf meinem Lebensweg eine Grenze überschritten habe – und daß es kein Zurück mehr gibt."

„Blicke können leicht falsch interpretiert werden."

„Es war ja nicht nur sein Blick. Ich habe zufällig mitbekommen, wie er an seinem Handy über mich sprach. Mit seiner auf mich eifersüchtigen jungen Freundin, die er mir bis zum Schluß verheimlicht hatte. Jetzt hör doch auf, die Frau ist über fünfzig Jahre alt! Das sagte er, um sie zu beschwichtigen. Seine Art, es zu sagen, war einfach nur verletzend. Er betonte die Worte über fünfzig Jahre alt mit einer so intensiven Abschätzigkeit, als sei eine Frau in diesem Alter für einen jungen attraktiven Mann wie ihn keine ernsthafte Option. Als hätte sie das Höchsthaltbarkeitsdatum einer faszinierenden Liebhaberin überschritten. Keine ernstzunehmende Konkurrenz für eine halb so junge Frau. Das tat sehr weh. Ein Stich tief ins Herz."

„Das tut mir sehr leid."

„Danke für Ihre Empathie. Letztlich war es gut, weil es mich vorbereitet hat auf das Ende, das dann kam. Auf den Blick, mit dem er mir ohne Worte sagte, was er seiner Freundin mit Worten gesagt hatte. Mit einer solchen Demütigung muß eine Frau in meinem Alter rechnen, die sich in einen Mann verliebt, dessen Mutter sie rein rechnerisch sein könnte. Die Bitterkeit dieser Erfahrung war wohl notwendig, um mich ein für allemal auf den Boden der Realität zu holen. Der Realität, daß ich älter geworden bin, und daß die Preise immer höher werden, die ich zahlen muß, wenn ich es vor mir selbst zu verleugnen versuche. Der Realität, daß ich meinen Alterungsprozeß akzeptieren und mich damit abfinden muß, daß meine Anziehungskraft nachgelassen hat – und Jahr für Jahr immer mehr nachlassen wird."

„Haben Sie sich wirklich damit abgefunden?"

Marlene zuckte mit den Schultern. „Ich bin mir nicht ganz sicher. Die Hoffnung ist ein verrücktes Huhn, und sie stirbt bekanntlich zuletzt. Sich abzufinden mit den Konsequenzen des Alterns ist schwierig und könnte noch eine Weile dauern. Aber je schneller ich es schaffe, desto besser wird es für mich sein … Das Feuer der Liebe, über das ich jahrzehntelang magische Kräfte hatte, das ich entfachen und nach Belieben steuern konnte, ist nun ein Feuer geworden, an dem ich mich verbrennen kann. Die Liebe war für mich immer ein weicher, warmer Rasen, auf dem ich mit geschlossenen Augen barfuß lief und mich dabei wohl und sicher fühlte. Jetzt gibt es auf dieser Wiese Glasscherben. Das heißt, ich muß meine Augen öffnen und aufpassen, daß ich mich nicht verletze. Als mir bewußt wurde, was das für eine drastische Veränderung meines Liebeslebens ist, mußte ich stundenlang weinen … Es gibt für manche

Leiden einen Trost, eine Hilfe, eine Linderung. Aber ich finde nichts, das gegen das Leiden des Älterwerdens wirkt. Ich kenne Frauen, die sich von Botox-Injektionen oder schönheitschirurgischen Maßnahmen Hilfe versprechen. Für mich sind das keine Optionen. Ich glaube, der Alterungsprozeß ist vor allem eine geistig-seelische Herausforderung, der ich mich stellen muß. Vieles, was auf den ersten Blick negativ aussieht, hat bei näherem Hinsehen auch etwas Positives. Ich suche nach dem versteckten Guten in dem offensichtlich Schlechten des Älterwerdens, aber ich finde es nicht. Ich glaube, es liegt irgendwo verborgen, aber ich finde es einfach nicht. Haben Sie es gefunden?"

Die beiden so verschiedenen Frauen, die noch vor zwei Stunden Fremde gewesen waren, blickten sich mit einer Intensität in die Augen, als seien sie die engsten Freundinnen.

„Ich habe nie danach gesucht", sagte Anna schließlich. „Ich akzeptiere das Älterwerden. Ich nehme es an, weil es nicht zu verhindern ist, weil es unabänderlich ist. Man sollte sich nicht auf einen Kampf einlassen, den man nur verlieren kann. Für mich ist das sicherlich viel leichter als für Sie, weil das Jungsein mir längst nicht solche Möglichkeiten eröffnet hatte wie Ihnen. Ich war eine junge Unsichtbare, und jetzt bin ich eine älter gewordene Unsichtbare. Im Grunde hat sich für mich nicht allzu viel geändert. Ihnen hat das Leben ein wunderbares Geschenk mit Ihrer Schönheit gemacht, und …"

„Und nun nimmt es mir dieses Geschenk wieder. Das ist grausam."

„Das mag Ihnen grausam erscheinen, aber es ist nur natürlich. Es richtet sich nicht gegen Sie persönlich. Es ist der Lauf der Dinge. Sie sollten dankbar dafür sein, daß Sie dieses wunderbare Geschenk erhalten haben. Und ich habe den Eindruck, daß Sie es auch ausgiebig genutzt haben. Darauf sollten Sie Ihr Augenmerk richten. Auf all die Vorteile, auf all die Möglichkeiten und all das Glück, das dieses Geschenk Ihnen gebracht hat."

„Es ist besser, keinen großen Fisch am Angelhaken gehabt zu haben, als ihn dort gehabt, aber wieder verloren zu haben", sagte Marlene.

„Entschuldigen Sie bitte, aber das ist Jammern auf hohem Niveau. Und es ist auch inhaltlich falsch. Denn Sie haben ja diesen großen Fisch gefangen und alle Freuden ausgekostet, die dieser Fang Ihnen gebracht hat. Darüber sollten Sie dankbar sein, anstatt darüber zu klagen, daß die Zeit Ihnen Ihre Attraktivität geraubt hat. Wer sein Augenmerk zu sehr auf die Möglichkeiten richtet, die ihm von außen verbaut werden, verliert leicht den Blick für die Möglichkeiten, die er sich von innen freilegen könnte."

„Ja, Sie haben recht, aber Sie haben meine Frage noch nicht beantwortet. Die Frage nach dem versteckten Guten des Älterwerdens."

Anna lächelte. „Nun ja, man leidet zum Beispiel nicht mehr unter Pickeln und den chaotischen Gefühlszuständen der Pubertät. Man muß keine Prüfungsängste mehr haben, weil alle Ausbildungen abgeschlossen sind. Man lebt bewußter, weil man Lebenserfahrungen gesammelt hat, und kann das Wesentliche vom Unwesentlichen besser unterscheiden, das Notwendige vom Überflüssigen leichter trennen. Man braucht keine Entdeckung und Bestrafung mehr zu fürchten, wenn man in jugendlichem Leichtsinn etwas ausgefressen hat. Alle Jugendsünden sind längst verjährt. Man kann einfach gelassener leben. Ich finde, das sind bemerkenswerte Vorzüge eines reiferen Alters. Und so versteckt sind sie gar nicht."

Durch den Abteillautsprecher kam die Durchsage, daß der Zug seinen nächsten Halt in wenigen Minuten erreichen werde.

Marlene runzelte die Stirn. Sie schüttelte ganz leicht den

Kopf und öffnete den Mund, als wolle sie mit einer kritischen Erwiderung reagieren, aber blieb dann doch still und schaute zu Boden, auf ihre eleganten schwarzen Stiefelletten.

„Ich muß leider gleich aussteigen", sagte sie. „Sie fahren noch weiter?"

Anna nickte. „Ja. Warum verabschieden Sie sich nicht von der jungen, schönen Frau, die sie einmal waren, mit allergrößter Dankbarkeit? Sie hat Ihnen so viel Gutes gegeben! Warum begrüßen Sie die immer noch schöne, aparte Dame, die Sie sind, nicht ohne Ablehnung, ohne Traurigkeit? Warum geben Sie ihr nicht eine Chance? Ihr Leben hat sich geändert, aber Leben ist nun mal Veränderung, und das muß man möglichst gelassen akzeptieren. Ihr Liebesleben ist noch lange nicht beendet. Sie werden noch viele Glücksmomente erleben! Lassen Sie doch einfach die Frau, die Sie einmal waren, hier bei mir in diesem Zugabteil zurück, damit sie nicht länger der Frau im Weg steht, die Sie geworden sind. Wir können nur in der Gegenwart wirklich leben, und das sollten wir mit ganzem Herzen tun."

Marlene beugte sich impulsiv vor und berührte den Unterarm ihrer Mitreisenden, als wollte sie ihr damit für ihre Worte danken. Sie biß sich auf die Unterlippe und schien um ihre Fassung zu ringen.

Schließlich nickte sie mehrmals, nahm ihre Hand zurück, zog ihr Portemonnaie aus der Handtasche, holte das Photo daraus hervor und reichte es Anna. „Sie haben recht! Sie haben mir einen sehr guten Ratschlag gegeben, der mich in meiner Seele erreicht hat. Ich lasse die Frau auf dem Photo hier zurück. In diesem Zugabteil. Und ich danke Ihnen."

„Wofür?" fragte Anna und nahm das Photo entgegen.

„Dafür, daß Sie mir geholfen haben, die Last der Vergangenheit abzulegen. Dafür, daß Sie so sind, wie Sie sind. So hilfreich, so weise. So mitfühlend."

Der Zug verlangsamte mehr und mehr seine Fahrt. Marlene stand auf, zog sich ihre Jacke an, schulterte ihre Reisetasche und öffnete die Abteiltür.

Sie wandte sich auf der Schwelle zum Gang um und schenkte ihrer zufälligen Reisebekanntschaft ein Abschiedslächeln. „Ich schätze mich glücklich, daß ich Ihnen begegnet bin", sagte sie. „Sie sind nicht unsichtbar, Anna. Sie sind eine schöne Frau. Danke, daß Sie mir ermöglicht haben, dies zu erkennen."

JAHRESPROGRAMM

Das neue Jahr wie einen
guten alten Freund umarmen,
der viel Freude im Gepäck hat,
und jedem Tag die Chance geben,
unvergeßlich gut zu werden,
mit heiterer Gelassenheit
durch die Wochen und Monate gehen,
mit offenen Augen die kleinen Schätze
am Wegesrand der großen Reise sehen,
sie mit lächelnder Seele aufheben
und keinen Tag vor dem Abend aufgeben.

Es ist in dir

Es gibt Vierzigjährige,
die auf ihre Art schon alt wirken,
und es gibt Sechzigjährige,
denen man ihr Alter zwar ansieht,
die sich aber eine innere
Jugendlichkeit erhalten haben,
die sich vor allem aus einer
Freude am Leben speist,
aus einer Begeisterungsfähigkeit,
aus der Bereitschaft zu lernen
und dem Mut sowie der Kraft,
sich und das eigene Leben zu verändern,
wenn eine Veränderung sinnvoll ist.

Wirklich alt ist ein Mensch erst dann,
wenn er sich nicht mehr ändern kann.

Ein gutes Lebensrezept

Zwei Wanderer kamen um die Mittagszeit in ein Dorf.

Auf dem Dorfplatz saß ein alter Mann zufrieden auf einer Bank im Schatten einer Platane.

Da die beiden Wanderer vom Laufen müde waren und eine kleine Pause gebrauchen konnten, setzten sie sich zu dem Alten auf die Bank, der sie freundlich begrüßte.

„Das ist ja schön, daß ihr mir an meinem hundertsten Geburtstag Gesellschaft leistet!" sagte er zu ihnen.

„So alt sind Sie schon!" wunderte sich der erste Wanderer.

„Das sieht man Ihnen gar nicht an!" ergänzte der zweite.

„Ich habe auch nach einem bestimmten Rezept gelebt, und ich glaube, daß ich deshalb so alt geworden bin und nach wie vor Freude an meinem Leben habe."

„Würden Sie uns dieses Rezept verraten?"

„Gerne! Ich bin jeden Tag aufs neue dankbar dafür, daß ich lebe und gesund bin. Diese Dankbarkeit hat mich gesund bleiben und so alt werden lassen, wie ich bin."

DEN ELAN NUTZEN

Die beste Antwort auf das Altern
und die Endlichkeit unseres Lebens
ist der möglichst intensive Genuß dessen,
was uns Glück und Freude schenkt.
Der Elan und Übermut unserer Jugend
werden mit den Jahren nachlassen,
also müssen wir sie nutzen,
solange sie uns zur Verfügung stehen.

Es kommt darauf an,
alle Möglichkeiten zu verwirklichen,
die wir in unseren jungen Jahren haben,
um nicht im Alter zu bedauern,
daß wir wichtige Chancen verpaßt,
vielversprechende Träume im Stich gelassen
und tiefe Sehnsüchte verdrängt haben.

IMMER WEITERMALEN

Eins der besten Mittel
gegen das innere Altwerden
ist die Bereitschaft,
immer aufs neue
an dem eigenen Weltbild
weiterzumalen und es nie
als vollendet zu betrachten.

SEELISCHES GEHEIMNIS

Das Geheimnis mancher Menschen,
die rein rechnerisch schon alt sind,
aber sich innerlich noch
eine erstaunliche Jugendlichkeit
und Frische erhalten haben,
ist ein seelischer Bleistiftanspitzer,
den sie immer dann benutzen,
wenn der Stift, mit dem sie
das Buch ihres Lebens schreiben,
stumpf zu werden beginnt.

ERST WENN

Alt ist man erst dann,
wenn man sich alt fühlt.
Alt fühlt man sich erst dann, wenn man
nicht ab und an selbstvergessen spielt,
wenn das innere Kind gar nicht
mehr einem Schmetterling hinterherrennt,
wenn das seelische Freudenlicht
überhaupt nicht mehr brennt –

wenn alles gelebt zu sein scheint
und etwas ganz tief innen weint,
weil das innere Kind nicht mehr spielt,
da es sich nicht mehr wie ein Kind fühlt.

HEUTE VOR VIERZIG JAHREN

„Heute vor vierzig Jahren haben wir uns zum ersten Mal geküßt", sagte sie und strich zärtlich über seine ergrauten Haare.

Er nickte und lächelte. „Ja, und es war unbeschreiblich. Ich wußte schon bei diesem Kuß, daß wir uns lange lieben würden. Er war so intensiv, so harmonisch, er hatte soviel Schönheit und Magie."

„Wußtest du auch, daß wir zusammen alt werden würden?"

„Nein, das konnte ich nicht wissen. Wie soll man das wissen. Hast du es gewußt?"

Sie schüttelte den Kopf. „Aber ich wußte damals schon, daß ich so lange bei dir bleiben würde, bis du mich fortschicken würdest."

„Warum hätte ich dich fortschicken sollen?"

„Weil ich alt geworden bin."

„Das bin ich doch auch! Wie könnte ich dich fortschicken, nur weil du älter geworden bist? Ich hätte kein Herz, ich hätte keine Seele, wenn ich auch nur daran denken würde."

Sie nahm seine Hand. Ihre Schritte raschelten in dem Herbstlaub auf dem Weg des alten Parks.

„Wir sind wie diese Bäume", sagte sie. „Wir haben einen Teil der Pracht unserer Liebe verloren."

„Aber wir haben sie genossen, als wir sie hatten, diese

Pracht. Und nur darauf kommt es doch an", sagte er und drückte zärtlich ihre Hand. Die Hand, die ihm so viel geschenkt hatte, daß er es ihr nie zurückgeben können würde, und wenn er noch hundert Jahre zu leben hätte.

Er blieb stehen, zog sie impulsiv an sich und umarmte sie.

„Ich werde dich immer lieben", sagte er leise, legte seine Hände ganz zart um ihren Kopf, als wollte er ihn vor den kühlen Windstößen schützen, der die Blätter auf dem Weg aufwirbelte.

Und dann küßten sie sich. Wie vor vierzig Jahren. Anders als vor vierzig Jahren.

Und er wußte, daß er sie noch lieben würde, wenn es ihn nicht mehr geben sollte, wenn es sie nicht mehr geben sollte, wenn es gar nichts mehr geben sollte. Seine Liebe zu ihr würde es immer geben.

LEBENSWERT

Gelassen älter werden.
Gehen lassen – nicht sich,
sondern das Jungsein.
Gelassen das Jungsein gehen lassen,
ohne sich daran zu klammern.
Dem Leben seinen Lauf lassen.
Gelassen das Altern geschehen lassen,
und im Geschehen aufgehen,
denn das Alter
ist die Reife des Lebens –
und Reife ist lebenswert.
Gelassen das Reifen leben,
weiser werden mit den Jahren.
Das Alter bejahen.

Im Licht des Humors

Es ist in allen Phasen des Lebens
ausgesprochen hilfreich,
über eine gute Portion
Humor zu verfügen.
Hat man sie nicht
in die Wiege gelegt bekommen,
empfiehlt es sich,
sie nach und nach zu erwerben.

Denn im Alter,
auf den letzten Kilometern
des Lebensmarathons,
ist Humor besonders hilfreich,
weil die traurigsten Tatsachen,
Ereignisse und Entwicklungen
viel von ihrer Tristesse verlieren,
wenn man sie mit Gelassenheit
im Licht des Humors betrachtet –
und so über manches schmunzeln kann,
worüber man auch weinen könnte.

DAS WERTVOLLSTE

Sie kamen unausweichlich in die Jahre,
verloren nicht nur die Fülle ihrer Haare,
und irgendwann war ihnen nichts mehr neu,
aber sie waren immer einander treu.
Ihre ersten Küsse waren unvergeßlich,
ihre Gefühle füreinander unermeßlich:
Gefühle, die sie nicht für möglich hielten
und dennoch lange immer aufs neue fühlten.

Erst wenn man Unglaubliches erlebt
und dabei seelisch ganz hoch schwebt,
weiß man: Das hatte man immer vermißt.
Sie haben danach niemand andren mehr geküßt.
So manches in ihrem Leben verschwand,
rann ihnen wie Sand aus der Hand.
Doch sie hörten nie auf, einander zu lieben:
So ist ihnen das Wertvollste geblieben.

VORSÄTZE

Ich möchte nicht mit dir
zusammen alt werden,
sondern jung bleiben.
Ich werde deinen Ängsten
die Suppe versalzen
und deiner Liebesfähigkeit
mein Jawort geben.
Ich will lernen,
immer offener zu werden,
im Reden und im Schweigen.
Und wenn ich kann,
will ich der Spiegel sein,
in den du siehst,
wenn deine Augen leuchten.

Mehr mag ich
dir nicht zusagen.

Versprechen,
das sind Worte,
geschrieben in den Küstensand
bei Ebbe.

Eine grosse Hilfe

„Störe ich Sie?"

Der grauhaarige Mann, der ein paar Schritte vor Lena stehengeblieben war, mochte um die Siebzig sein. Er hatte einen aufmerksamen, freundlichen Blick, war schlank, trug Jeans, ein blaues Leinen-Sakko und darunter ein weißes Hemd. Seine Stimme klang angenehm unaufdringlich, sein Lächeln hatte etwas Einnehmendes.

Doch das Bemerkenswerteste an ihm war unsichtbar: seine Ausstrahlung. Sie hatte die Ruhe eines Felsens in der Brandung und stand in überraschendem Gegensatz zu seinem fast zierlichen Körper.

„Nein. Sie stören mich nicht."

„Das freut mich. Ich spreche eigentlich keine Frauen in der Öffentlichkeit an. Schon gar nicht welche, deren Vater oder Großvater ich sein könnte. Darf ich mich für ein paar Minuten zu Ihnen setzen?"

Lena fragte sich mit einer gewissen Befremdung, was der alte Mann von ihr wollte. Doch da er ihr auf eine Art, die sie sich nicht ganz erklären konnte, sympathisch war und vertrauenerweckend wirkte, machte sie eine einladende Geste.

Er lächelte und setzte sich zu ihr.

„Sie fragen sich bestimmt, warum ich Sie angesprochen habe."

Lena nickte.

„Ich hatte einfach das Gefühl, es tun zu müssen. Ganz spontan. Es war Ihre Wirkung auf mich."

„Wie habe ich denn auf Sie gewirkt?"

„Anders als die Frauen in Ihrem Alter, die meistens so unnahbar scheinen, als wollten sie auf keinen Fall gestört werden bei dem, was sie tun. Auch wenn sie gar nichts tun. Männer meines Alters sind für junge Frauen Luft, was ja auch verständlich ist... Ja, wie haben Sie auf mich gewirkt? Die Selbstvergessenheit, mit der Sie zum Himmel schauten, hat mich berührt. Sie wirkten dabei so zart, so offen – der Welt um Sie herum entrückt. Ich glaube, ich habe in diesem Augenblick Ihr Inneres gespürt."

„Wirklich? Und was haben Sie gespürt?"

„Sehnsucht. Eine tiefe Sehnsucht."

Lena konnte ihre Überraschung nicht verbergen.

„Wenn ich Ihnen zu nahe trete, bitte ich um Entschuldigung."

„Nein, nein, Sie brauchen sich nicht zu entschuldigen. Ich staune nur über Ihre Feinfühligkeit. Es stimmt, ich hatte ein Gefühl der Sehnsucht, als ich in den Himmel blickte."

„Eine bestimmte Sehnsucht?"

„Ja. Die Sehnsucht nach einer großen Liebe, die ich erleben möchte, aber wahrscheinlich nie erleben werde. Ist das nicht verrückt?"

Der Mann lächelte. „Um zu bestimmen, was verrückt ist,

muß man zunächst festlegen, was normal ist. Was in dieser Welt als normal gilt, ist in vieler Hinsicht so wahnsinnig, daß man es nicht als Maßstab verwenden kann. Doch ich will Ihrer Frage nicht ausweichen: Ich finde Ihre Sehnsucht weder verrückt noch normal. Die Frage ist eher: Ist sie richtig oder falsch? Die Antwort darauf können Sie sich nur selbst geben, denn es ist Ihre Sehnsucht. Wenn es meine wäre, würde ich sie als richtig empfinden."

„Warum?"

„Weil ich, als ich in Ihrem Alter war, auch diese Sehnsucht hatte – nach einer großen, wahren Liebe. Und ich wußte ebenfalls nicht, ob das Leben mir diese Sehnsucht jemals erfüllen würde. Ich hatte auch Angst, daß ich die Möglichkeit ihrer Erfüllung vielleicht gar nicht oder zu spät erkennen würde, wenn ich ihr begegnen sollte. Doch dann sah ich eine Frau auf einem Gartenfest – und brauchte nur ein paar Sekunden, um zu wissen, daß sie es war, die ich überall gesucht hatte. Es ist schon sehr lange her, fast vierzig Jahre, aber ich erinnere mich daran, als sei es letzte Woche gewesen."

„Und – hatte diese Frau auch Sehnsucht nach Ihnen?"

„Oh ja, das hatte sie! Es geschah alles sehr schnell. Und es war unwiderstehlich. Wir hätten uns nicht dagegen wehren können, selbst wenn wir das gewollt hätten. Wir verliebten uns, wir liebten uns, und unsere Liebe war so tief, daß ..."

Der Mann sah zum Himmel hoch, als suche er dort nach den richtigen Worten.

Lena folgte seinem Blick. Die weiße Wolke, die sie betrachtet hatte, bevor der Fremde sie ansprach, hatte sich mittlerweile von einem Schwertfisch in den Kopf eines Einhorns verwandelt.

Lena empfand es als seltsam, daß sie sich mit einem alten Mann, den sie erst seit ein paar Minuten kannte, so offen unterhielt. Zugleich erschien es ihr als ganz natürlich und in keiner Weise ungewöhnlich, was vielleicht noch seltsamer war.

„Unsere Liebe war so tief, daß die Zeit ihr nichts anhaben konnte", führte der Mann seinen Gedankengang fort. Er sprach leise und so langsam, als würde er jedes Wort auf eine unsichtbare Waage legen, bevor er es aussprach. „Aber das stimmt nur zum Teil, denn die Zeit hat ihr etwas anhaben können. Maria lebt nicht mehr. Sie ist vor drei Jahren gestorben. Der Geheimdienst der Zeit hat viele kalte Agenten. Der Tod ist ihr kältester."

Bevor Lena ihr Mitgefühl artikulieren konnte, sprach der Mann weiter: „Er hat mir Maria genommen. Von einem Tag auf den anderen. Aber nicht meine Liebe zu ihr, mei-

ne Erinnerungen an sie. Nicht meine Träume, in denen ich
ihr begegne, sie umarme und ihre Wärme und Nähe fühle.
So wirklich, so intensiv, als wäre sie nie gestorben."
„Träumen Sie oft von ihr?"
„Oh ja, mindestens einmal in der Woche, meistens häu-
figer. Der Tod hat ihren Körper zerstört, doch über ihre
Seele hat er keine Macht. Marias Seele kommt zu mir in
meinen nächtlichen Träumen und nimmt die Form ihres
Körpers an, um mich umarmen und küssen zu können.
Um mir immer aufs neue zu beweisen, daß unsere Liebe
stärker ist als ihr Tod."

Die Stimme des Mannes war so leise geworden, daß Lena ihn gerade noch verstehen konnte.

„Die ersten Tage nach ihrem Tod waren so schrecklich, daß ich mit dem Gedanken spielte, mir das Leben zu nehmen. Bis Maria mir in einem Traum erschien und mich bat, mein Leben nicht willkürlich abzubrechen. Sie sagte, es sei eine Reise, die ich bis zu ihrem natürlichen Ende fortsetzen solle, und versprach mir, auf mich zu warten. Zeit spiele keine Rolle dort, wo sie jetzt sei, sagte sie. Und dann umarmte sie mich, wie sie es immer getan hatte, mit ihrer warmen, grenzenlosen Zärtlichkeit. Mit diesem Traum gab sie mir den Seelenfrieden und den Lebenswillen zurück, den ihr Tod mir geraubt hatte."

In diesem Moment liefen zwei miteinander redende Jogger an ihnen vorbei, von denen einer plötzlich laut auflachte.

Der alte Mann zuckte zusammen.

Da nichts von dem, was Lena auf der Zunge lag, ihr des Aussprechens wert erschien, und ihr unverhoffter Gesprächspartner offensichtlich durch das grelle Lachen des Joggers aus der Bahn seiner Gedanken geworfen worden war, schwiegen beide eine Weile.

„Ich danke Ihnen für Ihre Offenheit", sagte er schließlich. „So ungeschützt kann ich eigentlich nur noch mit mir selbst reden."

„Haben Sie denn keine Freunde?"

Er lächelte melancholisch. „Jedenfalls keine, die so anmutig und selbstvergessen in den Himmel schauen können wie Sie. Einer von ihnen sagte mir, ich könne froh sein, daß mein Unterbewußtsein so tröstliche Träume von Maria produziert. Ich versuchte ihm zu erklären, daß ich mein Unterbewußtsein nicht als Produzenten dieser Träume empfinde. Meine Traumwelt ist eine eigene Welt mit eigenen Möglichkeiten, in der Marias und meine Seele sich immer aufs neue begegnen können. Ich produziere diese Träume nicht. Sie geschehen, wie unser Gespräch geschieht, nur in einer anderen Wirklichkeit. Es gibt mehr als nur eine Wirklichkeit. Mein Freund, er ist übrigens Psychologe, will das nicht wahrhaben. Mehr als eine einzige Wirklichkeit paßt nicht in sein wissenschaftliches, rationales Weltbild, und genau genommen ist er auch nicht mein Freund. Von meiner Liebe zu Maria versteht er nicht viel." Der alte Mann sah Lena an, als erwarte er eine Reaktion von ihr.

Mit welcher Wärme und Zärtlichkeit er den Namen seiner Frau ausspricht, dachte sie und sagte: „Ich kann mir gut vorstellen, daß es den Seelen anderer Menschen möglich ist, in unsere Träume zu kommen. Auf Wegen, von denen die Wissenschaft nichts weiß."

„Wenn die Wissenschaft wüßte, wie wenig sie weiß! Ich darf das so sagen, weil ich selbst jahrzehntelang Wissenschaftler war. Die Wissenschaft stellt alles in Frage, nur ihre eigenen Wahrnehmungsinstrumente nicht: die Sinne und den Verstand. Wer mit den Sinnen und dem Verstand sucht, wird nur das finden, was die Sinne und der Verstand erkennen können. Erkenntnisse des Herzens und der Seele werden von der Wissenschaft nicht erkannt und deshalb nicht anerkannt. Weil man mit dem Herzen keine Versuchsreihen organisieren kann. Weil man mit der Seele keine empirischen Forschungen betreiben, keine Analysen und Testreihen durchführen kann. Wenn man einem reinrassigen Wissenschaftler sagt, daß die Erkenntnisfähigkeiten der Seele und des Herzens um ein Vielfaches feiner, tiefer und umfassender sind als die des Verstandes, macht man sich ihm zum Gegner. Oder wird von ihm als Spinner belächelt... Langweile ich Sie?"

„Im Gegenteil! Ich finde Ihre Gedanken sehr interessant. Welche Wissenschaft haben Sie denn ausgeübt?"

„Ich habe Medizin studiert und bis zu meiner Pensionierung in der Forschung gearbeitet, an einem Institut für Virologie. Nicht jede wissenschaftliche Arbeit ist so menschendienlich. Die Wissenschaften haben uns viel Gutes gebracht. Doch keine einzige Wissenschaft hat dem Menschen auf seiner Suche nach dem tieferen Sinn des Lebens weitergeholfen. Keine Wissenschaft hat ihm erklärt, was die Liebe ist und was ihn nach dem Tod erwartet. Ich will die großen Verdienste der Wissenschaft nicht schmälern, aber ihre oft anzutreffende Selbstherrlichkeit entbehrt jeglicher Grundlage, denn auf die wesentlichen Fragen des Lebens weiß sie keine Antworten. Die kann nur die Intuition des Herzens und die Weisheit der Seele finden."

„Welche Antworten haben Ihr Herz und Ihre Seele gefunden?" fragte Lena.

Auf dem Gesicht des Mannes erschien ein feines Lächeln. „Daß die Liebe der Sinn des Lebens ist. Daß die Seele unsterblich ist und die Liebe nach dem körperlichen Tod nicht endet... Früher gab es für mich viele Arten von Menschen. Heute gibt es nur noch zwei: jene, die lieben, und jene, die nicht lieben."

„Wie kann man sie unterscheiden?"

„Ganz einfach: Der Liebende erkennt, ohne zu zerstören. Der Lieblose zerstört, um zu erkennen. Ich will Ihnen ein Beispiel geben: Ein Dichter betrachtet selbstvergessen eine blühende Rose, atmet ihren Duft tief ein, befühlt ihre weichen, zarten Blütenblätter mit seinen Fingerspitzen, nimmt ihr Wesen tief in sich auf, sieht sie mit den Augen des Herzens und der Seele – und schreibt dann ein feinfühliges Gedicht über sie. Ein Wissenschaftler reißt die Rose lieblos aus der Erde, packt sie ein, nimmt sie mit in sein Labor, schneidet sie dort in Stücke, studiert ihre Einzelteile unter dem Mikroskop, analysiert ihre chemische Beschaffenheit – und verfaßt dann eine Abhandlung über die Ergebnisse seiner Untersuchung. Die Frage, welcher der beiden Texte, das Gedicht oder die Abhandlung, mehr über das Wesen der Rose aussagt, brauche ich Ihnen nicht zu stellen."

„Warum nicht?"

„Weil Sie Blumen lieben. Weil Sie poetisch sind."

„Sie haben wirklich ein feines Empfinden! Und Sie wirken so, als würden Sie tief in sich ruhen. Wie ein Fels in der Brandung. Das war mein erster Eindruck von Ihnen."

„Ich ein Fels in der Brandung? Wirke ich so stabil auf Sie? Mein Freund, der Psychologe, der wie gesagt nicht mein Freund, sondern nur ein Bekannter ist, betrachtet mich als einen eher labilen Mann, der womöglich seiner professionellen Hilfe bedarf. Obwohl er das nie so direkt sagen würde."

„Warum betrachtet er Sie so?"

„Weil ich eine Frau liebe, die seit drei Jahren tot ist. Weil ich nicht zu den Menschen gehöre, die sich sagen, man muß nach vorne schauen, das Leben muß weitergehen. Dabei geht meins durchaus weiter. Ich habe nicht das Gefühl, daß ich seit Marias Tod in meiner Entwicklung stagniert bin. Aber ich bin eben nicht normal, zumindest in den Augen meines wissenschaftsgläubigen Bekannten. Nun ja, damit kann ich leben. Die Meinung anderer Menschen über uns wird im allgemeinen stark überschätzt."

„Was war sie für ein Mensch, Ihre Frau?" brach Lena das Schweigen.

Der Mann lächelte. „Sie war ein wunderbarer Mensch. Die Japaner haben eine Bezeichnung für die ihnen eigene Achtsamkeit und Liebe zu den Dingen, zu den Details: mono no avare. Man kann diese Worte auf verschiedene Arten übersetzen. Sie bedeuten im Grunde: entzückt und zugleich wehmütig sein, berührt sein von den Dingen, den einfachen Dingen des Lebens. Diese japanische Eigenart basiert auf einem ausgeprägten Bewußtsein der Vergänglichkeit. Marias Großmutter war Japanerin. Maria hatte viel von ihr, eine feminine Zartheit, eine sanfte exotische Schönheit. Alles, was sie tat, tat sie mit Achtsamkeit, Hingabe – und wenn es nur das Schälen einer Apfelsine war. Sie war immer ganz bei der Sache, konzentriert auf das, was sie tat, aber nie angestrengt oder angespannt, sondern spielerisch, mühelos. Maria … sie war eine ganz besondere Frau. Ich habe niemals einen feinfühligeren, sanftmütigeren Menschen als sie kennengelernt. Ihre Bewegungen waren ästhetisch, fließend, wie ein geheimer Tanz. Ich habe sie nie in Eile erlebt, hektisch, sie kannte keinen Streß. Sie hatte eine tief verwurzelte Gelassenheit, gepaart mit einer feinen Anteilnahme, einem unerschöpflichen Mitgefühl für alle Wesen."

„Haben Sie vielleicht ein Photo von ihr?"

„Ich habe unzählige Photos und Filme von ihr in meinem Herzen und in meinem Gedächtnis und in meiner Seele. Auch welche in meiner Brieftasche natürlich, aber die habe ich leider nicht dabei. Maria hätte sich hier in diesem Park wohl gefühlt. Sie liebte Bäume und Pflanzen. Ich habe von ihr so viel gelernt. Sie hat mich gefördert, hat mir geholfen, die Dinge, die Menschen und die Welt mit liebevolleren, wacheren Augen zu sehen. Sie hat mich zu einem besseren Menschen gemacht, ohne dies jemals zu beabsichtigen. Was ich bin, habe ich ihr zu verdanken. Ich hätte nie gedacht, daß ich einen Menschen so lieben könnte. So grenzenlos, so bedingungslos."

„War sie die erste Frau in Ihrem Leben?"

„Sie war nicht die erste Frau in meinem Leben. Aber sie war die Frau meines Lebens. Nein, sie ist es. Sie ist es – und wird es immer sein. Wenn ich von ihr in der Vergangenheitsform spreche, bekomme ich ein ungutes Gefühl, als würde ich etwas falsch machen. Maria ist ein liebenswerter Mensch, sie ist eine wunderbare Frau. Und ich bin dem Schicksal dankbar, daß ich sie lieben darf. Und daß sie mich liebt. So ist es richtig. In der Gegenwart."

„Ihre erste Begegnung mit Maria – war das Liebe auf den ersten Blick?"

„Ja, das war es. Und das ist es immer noch. Durch die Entfaltung unserer Liebe ist Maria ein Teil meiner selbst geworden. Die bessere Hälfte meiner Seele. Irgendwann erreichte unsere Liebe einen Punkt, an dem wir seelisch miteinander verschmolzen. Seitdem sind wir nicht mehr allein. Die Vereinigung unserer Seelen ist so stark, so fest, daß nichts und niemand sie zerstören kann. Es gibt im Leben keine Sicherheit, sagt man, doch der Einheit unserer Seelen bin ich mir so sicher, wie die Nacht auf den Tag folgt. Wir werden immer eins sein, ganz gleich, was geschieht."

Seine letzten Worte hatte er so leise gesprochen, daß es fast ein Flüstern gewesen war. Und dabei so intensiv, daß Lena ein Schauer durchrieselte.

Nach einer Weile des Schweigens sagte er: „Es war mir eine Freude, mit Ihnen zu reden. Vielleicht treffen wir uns ja noch einmal. Es heißt doch: Man sieht sich immer zweimal."

Er stand auf und reichte Lena seine Hand mit einer leichten, altmodischen Verbeugung. Sie sahen sich lächelnd in die Augen und verabschiedeten sich ohne weitere Worte.

Zwei Tage später saß Lena auf derselben Parkbank und erinnerte sich an diese Begegnung, die einen tiefen Eindruck in ihr hinterlassen hatte.

Er hat eine Art zu reden, daß ich alles um mich herum vergesse, dachte sie. Er ist präsent, lebendig und dabei so ruhig und klar wie ein Bergsee. Warum habe ich diesem Mann, der mir so viel von seiner Ruhe und Kraft geschenkt hat, nicht gesagt, daß er sehr reich ist? Daß er einen Schatz gefunden hat, den die meisten Menschen vergeblich suchen. Sofern sie überhaupt danach suchen. Wahrscheinlich, weil ich fühlte, daß er sich seines inneren Reichtums bewußt ist. Ich hätte gern sein tiefes Vertrauen in die Liebe! Aber das kann man sich nicht herbeiwünschen, man muß es gewinnen. Und man gewinnt es nur durch Erfahrungen. Meine Erfahrungen haben mich zu zweifeln gelehrt.

Es gibt eine Art von Liebe, die ins Nichts verweht wird, weil sie sich nicht verwurzeln kann. Taumelkrautliebe. Diese Art von Liebe habe ich kennengelernt, und sie hat mich leiden lassen. Wahrscheinlich sind die meisten Lieben so. Ohne Halt, wenn die Winde der Zeit sie aus den Herzen treiben. Doch es gibt offensichtlich auch eine Liebe, die der Vergänglichkeit trotzt. Eine Liebe, die sich tief in der Seele verwurzelt. Dieser Mann ist ihr lebendiger Zeuge. Eigentlich war die Begegnung mit ihm eine Bestätigung meiner Hoffnung, irgendwann wieder an die Möglichkeit einer solchen Art der Liebe glauben zu können.

Glauben heißt hoffen, ohne zu wissen. Oder weiß man, weil man hofft? Trägt die Hoffnung ein verborgenes Wissen um ihre Erfüllbarkeit in sich? Ich würde nicht hoffen wollen, die wahre Liebe zu finden, wenn etwas tief in mir nicht ahnen würde, daß es sie gibt. Aber wie ist sie? Was zeichnet sie aus? Kann sie alle Ängste besiegen, alle Zweifel entkräften? Kann sie alle Enttäuschungen bedeutungslos machen?

Lena traute ihren Augen nicht, als der Mann, der ihr eben durch den Sinn gegangen war, auf sie zukam.

„Das ist ja unglaublich! Gerade habe ich noch an Sie gedacht!" rief sie ihm entgegen. Stand verwirrt auf und setzte sich gleich darauf wieder. Und bat ihn mit einer einladenden Geste, sich zu ihr auf die Bank zu setzen.

Auch der Mann schien sich über die unverhoffte Wiederbegegnung zu freuen und zögerte nicht, der Einladung zu folgen.

„Das heitere Wetter hat mich aus dem Hotelzimmer gelockt", erklärte er.

„Sie wohnen nicht hier?"

Er schüttelte den Kopf. „Ich habe hier nur etwas zu regeln."

Lena lächelte. „Es ist schön, daß wir uns noch einmal treffen. So kann ich Ihnen sagen, daß die Begegnung mit Ihnen mich beeindruckt hat. Ich habe in der Nacht darauf von Ihnen geträumt. Sie gingen Hand in Hand mit Ihrer Frau über eine Wiese voller Blumen unter einem blauen Himmel. Sie wirkten beide sehr glücklich."

„Wirklich? Sie haben von uns geträumt? Wie sah meine Frau in Ihrem Traum aus?"

„Sehr anmutig. Sie trug ein weißes Kleid und hatte lange dunkle Haare."

Der Mann lächelte. „Maria liebte weiße Kleider, und sie hatte tatsächlich lange dunkelbraune Haare. Ein paar graue kamen irgendwann dazu … Es ist phantastisch, daß Sie das geträumt haben."

„Es heißt ja, daß Träume die Sprache der Seele sind. Offenbar hat Ihre Liebe zu Maria meine Seele berührt."

„Das ist wunderbar! Träume sind nicht nur die Sprache der Seele, sie sind eine sehr freie Lebensdimension der Seele."

„Wie meinen Sie das?"

„Im Schlaf lasten der Körper und das Alltagsbewußtsein nicht mehr wie ein Joch auf der Seele, und so kann sie sich ihrer grenzenlosen Möglichkeiten bewußt werden und sie entfalten. Die Seele ist unsterblich. Wenn sich zwei Seelen in tiefer Liebe miteinander verbunden haben, ist ihre Liebe unsterblich. Verliert eine der beiden Seelen ihren Körper, entsteht ein Verlust, aber die Liebe geht nicht verloren."

„Ich weiß nicht, ob es mir gelingen würde, so konstruktiv wie Sie mit dem Verlust eines über alles geliebten Menschen umzugehen."

„Ohne Marias Hilfe hätte ich es nicht geschafft. Sie gibt mir immer aufs neue die Kraft dazu, wenn ich von ihr träume."

„Ihre Lebenskraft hängt also von Ihren Träumen von Maria ab?"

Der Mann nickte. „Alles hängt davon ab, alles. Als Maria noch lebte, habe ich meine Träume als ein zweites Leben betrachtet, in dem ich Erfahrungen machte und Erlebnisse hatte, die ich in meinem ersten Leben nicht haben konnte. Wer kann in seinem Wachleben schon fliegen, durch Mauern laufen oder unversehrt durchs Feuer gehen? Nach Marias Tod hat sich dieses Verhältnis umgekehrt. Heute empfinde ich meine nächtlichen Träume als mein erstes, eigentliches Leben, und meine Tage sind mein zweites Leben geworden. Manchmal freue ich mich schon nachmittags auf die Nacht, weil ich Maria begegnen könnte. Und manchmal sehne ich mich nach dem Moment meines

Todes, weil es der Moment der gänzlichen Wiedervereinigung mit Maria sein wird. Weil unsere Seelen dann ohne die Beschränkung meiner Körperlichkeit ihre Liebe leben können."

„Haben Sie denn keine Angst vor dem Sterben?"

„Warum sollte ich? Sterben ist ein natürlicher Vorgang. Meine Seele wird sich von meinem alt und müde gewordenen Körper lösen wie ein welkes Blatt von einem Baum. Und Maria wartet auf mich."

„Ich bewundere Ihren Glauben."

„Es ist mehr als nur ein Glauben. Es ist ein tiefes Wissen."

„Haben Sie eigentlich eine andere Frau geliebt, bevor Sie Maria kennenlernten? Ich meine, wirklich geliebt."

„Das habe ich zumindest damals gedacht. Was wirkliche Liebe ist, habe ich aber erst durch Maria erfahren."

„Und was ist wirkliche Liebe?"

„Das größte Geschenk, das einem Menschen zuteil werden kann. Ihr Wesen übersteigt alle Grenzen und Vorstellungen. Selbst der größte Dichter könnte nicht sagen, was sie ist. Wirkliche Liebe mit Worten beschreiben zu wollen, gleicht dem Versuch, einen Kieselstein über das Meer zu werfen."

„Glauben Sie, daß viele Menschen eine solche Liebe erleben? Entschuldigen Sie, ich frage Ihnen ein Loch in den Bauch."

Er schmunzelte. „Sie fragen mich das, weil Sie es sich selbst fragen. Sie hoffen, daß meine Antworten Ihnen helfen, Ihre eigenen Antworten zu finden. Dafür brauchen Sie sich nicht zu entschuldigen. Sie fragen, weil Sie die wirkliche Liebe suchen, die Sie in Ihrem Leben bislang vergeblich gesucht haben, nicht wahr?"

Lena schluckte. „Ja", gestand sie. „Nicht nur in meinem Leben, auch im Leben der Menschen, die ich gut kenne. Eine Freundin hat vor zwei Jahren ihren langjährigen Freund geheiratet. Sie glaubte fest, mit dem Mann ihres Lebens zum Standesamt zu gehen. Doch wenn ich erlebe, wie die beiden inzwischen miteinander umgehen… Eigentlich erscheint es mir fast wie ein Kampf."

„Das ist schade", sagte der Mann. „Aber leider wohl keine Ausnahme."

Sie hatten eine Weile schweigend nebeneinander gesessen, bis er weitersprach: „Als sehr junger Mann glaubte ich an eine Liebe, die den Kampf gegen die Zeit aufnehmen und ihn sogar gewinnen kann. Doch dann machte ich mehrmals die Erfahrung, daß Liebe sich mit der Zeit abschwächt und manchmal völlig auflöst, aus der Welt verschwindet, als hätte sie nie existiert. Ich sagte mir: So ist es letztlich mit allem im Leben, alles altert, alles welkt, alles hat seine Zeit und vergeht. Warum sollte es mit der Liebe anders sein? Richtig glücklich war ich mit dieser Erkenntnis allerdings nicht, und das mit Recht. Denn was ich damals für Liebe hielt, waren nur intensive amouröse Erfahrungen – aber nicht die wahre Liebe."

„Ich habe als Mädchen auch an die unvergängliche Liebe geglaubt", bekannte Lena. „Als junge Frau habe ich diesen Glauben in die Rumpelkammer meiner Seele gebracht. Zu den anderen Dingen, die ich nicht mehr um mich haben wollte, aber auch nicht wegwerfen konnte, weil ich noch irgendwie an ihnen hing. Oft habe ich mir gewünscht, daß etwas geschieht, was mir möglich macht, diesen Glauben wieder in mein Leben zurückzuholen. Dann wiederum habe ich mir gesagt, daß meine Sehnsucht nur eine romantische Illusion ist."

„Sehnsucht ist keine Illusion", erwiderte er. „Sie ist ein Zeichen von Unzufriedenheit mit dem Erreichten, der innige Wunsch nach einem schöneren, innerlich wertvolleren Leben. Sie ist eine elementare Antriebskraft, die uns auf einen Weg bringen kann, an dessen Ende Erfüllung auf uns wartet. Oft stellt das Leben uns große Hindernisse auf diesen Weg. Manchmal bauen auch wir selbst uns Barrieren und stellen uns Fallen. Als hätten wir Angst davor, das Glück zu finden, das wir suchen … Ich kann zwar

jeden Menschen verstehen, der die große Liebe als Illusion betrachtet, aber ich weiß, daß sie eine Wirklichkeit ist. Und ich glaube, daß die stärkste, oft unerkannte oder verdrängte Sehnsucht aller Menschen das Verlangen nach großer, wahrer Liebe ist. Bleibt diese Sehnsucht unerfüllt, richtet sie sich auf alle nur denkbaren Arten von Ersatzbefriedigungen, die aber nie den Seelenfrieden und die Erfüllung schenken, den nur die Liebe geben kann. Wirkliche Liebe ist größer als alle Vorstellungen, die wir uns von ihr machen. Haben wir das Glück, sie zu finden, überwältigt sie uns mit ihrer Pracht. Und wir erkennen, wie unzulänglich, wie karg und sinnarm unser bisheriges Leben war."

Impulsiv stand der Mann auf und gab Lena die Hand: „Es war mir wieder eine Freude, mit Ihnen zu reden! Bevor ich gehe, möchte ich Ihnen den eigentlichen Grund dafür verraten, warum ich Sie vorgestern angesprochen habe. Nicht, daß ich Sie angelogen hätte. Die Gründe, die ich Ihnen nannte, waren alle wahr. Aber einen habe ich verschwiegen. Ich weiß selbst nicht genau, warum. Auf einem meiner Photos von Maria sitzt sie auf einer Bank und schaut selbstvergessen in den Himmel. Mit der gleichen

Körperhaltung, wie Sie es getan haben. Und Marias Haare hatten die gleiche Länge und Farbe wie Ihre. Sie haben mich an Maria erinnert, als ich Sie zum ersten Mal sah. Vor allem deshalb habe ich Sie angesprochen. Das mußte ich Ihnen noch gestehen."

Lena wußte nicht, was sie darauf sagen sollte, und nickte lächelnd.

„Das Leben gibt uns Zeichen auf unseren Wegen. Das Verhängnis vieler Menschen ist, daß sie diese Zeichen nicht wahrnehmen oder wahrhaben wollen. Halten Sie immer die Augen der Seele offen!" sagte er, ließ Lenas Hand los, verabschiedete sich mit einem lächelnden Blick und ging.

Als er hinter einer Wegbiegung verschwunden war, spürte sie mit einer jähen Traurigkeit, die ihr fast den Atem nahm, daß sie ihm nicht noch einmal begegnen würde. Fast wäre sie aufgestanden und ihm hinterhergelaufen, um ihn nach seinem Namen zu fragen, seiner Adresse und Telephonnummer.

Doch sie blieb sitzen, weil etwas in ihr zu ahnen begann, daß dieser außergewöhnliche Mann ihr alles gegeben hatte, was sie an diesem Punkt ihres Lebens gebraucht hatte. Er hatte ein Saatkorn der Zuversicht in ihre Seele gepflanzt, hatte ihr eine optimistische Sicht auf die Zukunft geschenkt – und es wäre undankbar gewesen, von ihm noch mehr zu erwarten.

Seit dem kläglichen Scheitern einer Liebe, die sie für wahr und groß gehalten hatte, waren nun fast zwei Jahre vergangen. Zwei Jahre, in denen sich ihr Lebensspielraum aus Enttäuschung und Trauer immer mehr eingeschränkt hatte, ohne daß sie es verhindern konnte. Sie fühlte sich wie eine Pianistin, die statt der gewohnten acht Oktaven ihres Instruments mit den vier mittleren auskommen mußte. Ihrem Gefühlsleben fehlten die Höhen und Tiefen. Und dadurch – oder vielleicht auch unabhängig davon – fühlte sie sich oft nicht mehr authentisch. Als sei sie nicht mehr sie selbst, oder nur noch zu einem Teil. Den fehlenden Teil hatte die gescheiterte Liebe mit in ihren Untergang genommen.

Vor einer Woche war sie zu der Erkenntnis gekommen, oder die Erkenntnis war zu ihr gekommen, daß sie es nicht aus eigener Kraft schaffen würde, der Einengung ihrer Gefühlswelt zu entkommen. Sie brauchte Hilfe von außen, wer oder was auch immer dieses Außen sein mochte. Vielleicht ein Mensch, vielleicht ein Ereignis, sie hatte keine Ahnung. Gegen die Vorstellung, zu einem Psychotherapeuten zu gehen, sträubte sich alles in ihr. Sie quälte der Gedanke, daß vielleicht niemals etwas Hilfreiches geschehen würde. Daß sie bis ans Ende ihre Tage vor einem Klavier mit nur vier Oktaven sitzen müßte – und das Mittlere immer mehr auch zum Mittelmäßigen werden würde. Und daß sie schließlich, wie so viele Menschen, ihr Leben in stiller Verzweiflung führen müßte.

Es war eigentlich unglaublich, daß ein Mann, der in der letzten Saison seines Lebens angekommen war und seine große Liebe durch den Tod verloren hatte, was vielleicht das Schlimmste war, das einem Menschen geschehen konnte – daß dieser Mann ihr, einer Frau in der Blüte ihrer Jugend, den verlorenen Glauben an die Erfüllbarkeit ihrer Sehnsucht nach der wahren Liebe zurückgegeben hatte: mit seinen Worten, seinen Blicken und seiner Ausstrahlung. Er hatte ihr die Hand gereicht und sie aus einer seelischen Lähmung gezogen, die wie eine Bürde auf ihrem Leben gelegen hatte.

Bislang hatte sie gedacht, daß das Altern eine endlose und trostlose Liste von wachsenden Verlusten mit sich brachte. Daß die körperlichen und geistigen, die emotionalen und seelischen Kräfte nachließen und man sich mit wachsendem Alter mit immer weniger von allem Guten bescheiden mußte. Daß sich die Lebensfreude, die Spontaneität, die Erotik, der Übermut und das innere Lächeln mehr und mehr verabschiedeten und das Beste am Leben verlorenging – was vielleicht auch gut war, denn so fiel das unvermeidliche endgültige Loslassen am Ende leichter, weil man schon vorher soviel loslassen mußte.

Doch dieser Mann, der eine Ausnahme von dieser Regel war, hatte sie mit seiner inneren Kraft und seiner rührenden Treue zu seiner Maria eines Besseren belehrt. Er hatte einen Spruch, den sie immer als sehr schön, aber eigentlich als zu schön empfunden hatte, mit Leben gefüllt, er hatte ihn verkörpert – und damit seine Glaubwürdigkeit bewiesen: Liebe ist stärker als der Tod.

Lena saß noch lange auf der Bank und fühlte, daß in ihrer Seele etwas Gutes und zugleich Labiles geschah, das sie in körperlicher Unbewegtheit geschehen lassen mußte, um seine Entfaltung nicht zu gefährden.

Erst als die Sonne hinter die Wipfel der hohen Bäume am Horizont sank, stand sie auf. Sie fühlte sich so leicht und frei wie lange nicht mehr.

Beim Verlassen des Parks spürte sie, daß sie nicht mehr dieselbe Frau war, die vor ein paar Stunden in den Park gegangen war. Sie hatte eine Last, die sie zwei Jahre lang getragen hatte, dort zurückgelassen.

Ihre Ahnung war zu der Gewißheit geworden, daß ein fremder Mann ihr geholfen hatte, sich von dieser Last zu befreien. Ein Mann, dessen Liebe zu einer toten Frau manch einer durchaus als unnatürlich, vielleicht sogar als krankhaft empfinden konnte. Doch sie würde keinem Menschen Gelegenheit dazu geben, ein solches Empfinden zu äußern, denn von den Begegnungen mit diesem Mann würde sie keiner Seele etwas erzählen. Nicht weil sie Angst hatte, daß darunter der Zauber leiden würde, mit dem ihre Erinnerung daran immer verbunden sein würde. Sondern weil es Begegnungen im Leben gab, die einzig und allein den Menschen gehörten, die sich begegnet waren. Schicksalhafte Begegnungen, die nicht mit anderen geteilt werden durften, in keiner Weise, sondern mit den Menschen leben und sterben sollten, die sie erfahren hatten.

Lena fragte sich, ob ihrem Helfer bewußt war, welch große Hilfe er ihr gewesen war. Ob er überhaupt ahnte, daß er ihr die Hand entgegengestreckt hatte, an der sie sich aus einer zweijährigen Lähmung ziehen konnte und endlich wieder so in die Zukunft schauen konnte, wie es für eine fünfundzwanzigjährige Frau natürlich war: mit Hoffnung und Zuversicht.

Sie fragte sich, was sie ihm gegeben hatte. Ob sie ihn in irgendeiner Weise für seine Hilfe belohnt hatte. Nicht einmal Danke hatte sie gesagt. Sie fürchtete, daß sie ihm gar nichts geschenkt hatte, außer einer überraschenden Erinnerung an seine geliebte Maria, an ein Bild von ihr, auf dem sie vor Jahrzehnten mit der gleichen Körperhaltung wie sie auf einer Bank gesessen und in den Himmel geschaut hatte. Das war nicht viel. Das war so gut wie nichts. Aber die Wirkung der Gespräche mit dem Mann hatte sich erst entfaltet, nachdem er gegangen war, und mit ihr das Bewußtsein der Bedeutung seiner Hilfe. Wohin mit der Dankbarkeit, wenn der Mensch, der sie erweckt und verdient hat, nicht mehr aufzufinden ist?

In den folgenden Tagen saß Lena noch öfter auf derselben Bank im Park, obwohl ihre Intuition wußte, daß sie den Mann nicht wiedersehen würde.

Drei Wochen später hatte sie einen Traum von ihm. Er saß auf der Parkbank und schien ihr Kommen erwartet zu haben. Jedenfalls wirkte er in keiner Weise überrascht, sie zu sehen.

„Ich bin so froh, daß du da bist", sagte sie und setzte sich zu ihm. „Denn ich muß dir unbedingt danken! Dafür, daß du mir geholfen hast, mein Leben zurückzugewinnen, meine Hoffnung, meine Sehnsucht. Es tut mir so leid, daß ich dir dafür nichts zurückgeben konnte."

„Dann tu es jetzt", sagte er.

In seinen Augen erstrahlte ein Lächeln, das ihr entgegenkam, sie berührte und bannte. Während alles um sie herum in Bedeutungslosigkeit versank, weil der Glanz ihrer Blickvereinigung eine eigene Wirklichkeit erschuf, spürte sie, wie ihre Dankbarkeit aus der Tiefe ihrer Seele durch ihre Augen in seine Augen und von dort in seine Seele strömte.

JUNGBRUNNEN

Einer der besten Jungbrunnen
für Herz und Seele
ist die Treue zu der Hoffnung,
auch im Alter noch
Wunderbares zu erleben,
selbst wenn die Stimme
der Erfahrung sagt,
daß es für alles im Leben
nicht nur ein erstes,
sondern auch ein letztes Mal gibt.

Doch auch die Stimme
der Erfahrung kann sich irren.

GLÜCK KOMMT GERN UNVERHOFFT

Eine Frau saß auf ihrem Sofa, dachte über ihr Leben nach und wunderte sich, wie schnell doch ihre Kindheit und Jugend vergangen waren: wesentlich schneller, als sie sich das vorgestellt hatte.

Sie stand in der Mitte ihres Lebens und hatte das ungute Gefühl, die zweite Hälfte ihrer Lebenszeit würde weniger schön werden, als die erste es gewesen war. Denn in ihren jüngeren Jahren war ihre Seele von Träumen inspiriert gewesen, die ihr wunderbare und intensive Erlebnisse schenkten, auch wenn die meisten von ihnen sich nach und nach als Illusionen entpuppt hatten.

Diese Erkenntnis betrübte sie und machte sich in allen Winkeln ihres Gemütes breit. Um auf andere Gedanken zu kommen, beschloß sie, einen Spaziergang im nahegelegenen Park zu machen.

Doch die besänftigende, erfrischende, aufheiternde Wirkung, die der weitläufige Park mit seinen hohen alten Bäumen und gewundenen Wasserläufen immer auf sie hatte, blieb diesmal aus, als wollte die Traurigkeit über die Unwiederbringlichkeit der verlorenen Zeit nicht aus ihrem Herzen weichen.

Als sie schon enttäuscht auf dem Rückweg zu ihrer Wohnung war, öffneten sich überraschend die Wolkenschichten am Himmel. Die Sonne strahlte warm und hell auf den Park hinab und tauchte alles in ein freundliches, warmes Licht.

Die Frau blieb unwillkürlich stehen, hielt den Atem an und hob den Blick.

Und plötzlich, von einem Moment auf den anderen, sah sie die Erhabenheit der weißen Wolken am Himmel, entdeckte die Schönheit der Blumen am Wegesrand, genoß die majestätische Pracht der alten Bäume. Und ganz tief in ihr veränderte sich etwas.

Unverhofft fiel ein Schleier in ihrem Bewußtsein. Sie spürte ganz deutlich das Glück, das sie umgab, in sie einfloß und sie erfüllte. Und sie erkannte, daß sie dieses Glück einfach nur deshalb nicht wahrgenommen hatte, weil sie zu sehr und zu intensiv mit der Trauer über ihre verlorene Jugend beschäftigt gewesen war.

Es mag ja sein, dachte sie, daß die erste Lebenshälfte besser als die zweite ist, aber wenn ich mir diesen Gedanken zur Gewohnheit mache, übersehe ich die Sehenswürdigkeiten und verpasse die Glücksmöglichkeiten, die mir die zweite Lebenshälfte bieten wird.

Während ein Lächeln sich auf ihr Gesicht legte, stieg vom Grund ihrer Seele ein Gefühl auf, das sie sanft bei der Hand nahm und zu einer Erkenntnis führte, die ihr Lächeln noch verstärkte: Glück ist der Blick hinter den Schleier der gewohnten Wahrnehmung, der Blick hinter die Kulissen des Alltäglichen, der Blick ins Herz des Lebens.

An dem Tag

Das Alter beginnt nicht
ab einer bestimmten
Anzahl von gelebten Jahren.
Es beginnt an dem Tag,
an dem man der Illusion
zum Opfer fällt,
man wisse alles über die Welt,
die Menschen und sich selbst –
und es gebe nichts mehr im Leben,
das man nicht schon kennt.

UM MITTERNACHT

Ich hab mich heute fest
mit dem neuen Jahr verabredet,
für Silvester um Mitternacht.
Ich will es tanzend begrüßen,
mit guter Musik und einem Lächeln,
das von innen kommt
und nach vorne strahlt ins neue Jahr –
wie ein Scheinwerfer der Seele
auf einen guten Weg,
der vor mir liegt
wie eine Reise von Augenblick
zu Augenblick, voller Chancen,
voller möglichem Glück.

Mehr ist es nicht

„Warum bist du immer so heiter?" fragte ein Besucher den Meister, der die Siebzig schon überschritten hatte. „Eigentlich müßtest du traurig darüber sein, daß du nicht mehr so jung bist. Daß du den besten Teil deines Lebens schon hinter dir hast."

Der Meister lächelte. „Der beste Teil meines Lebens ist immer der, in dem ich mich gerade befinde."

„Viele wissen das und sind trotzdem betrübt", erwiderte der Besucher. „Was ist das Geheimnis deines Glücks?"

„Daß ich keinen guten Augenblick vor der Tür stehen, sondern in meine Seele eintreten lasse. Meine Tür steht dem Leben immer offen. Wahrscheinlich ist es das, was mich in deinen Augen als glücklich erscheinen läßt."

„Mehr ist es nicht, als einfach den guten Augenblick zu empfangen?"

„Mehr ist es nicht."

„Das klingt so einfach", stellte der Besucher fest.

„Ist es aber nicht", erklärte der Meister. „Denn die Gedanken sind flatterhaft, schwirren ständig in der Vergangenheit oder Zukunft herum. Und schon schließt sich die Tür zum Augenblick, weil man unwillkürlich seinen Gedanken folgt. Ich habe gelernt, sie flattern zu lassen, ohne ihnen hinterher zu schauen. Das ist alles."

KEIN GESCHENK

Lebensfreude ist kein Geschenk
des Lebens an die Jugend,
sondern jedem Menschen zugänglich,
solange er sich für etwas Schönes
oder Gutes begeistern kann.

Ein hilfreicher Gedanke

Ein Mann, der im Sterben lag, dachte an sein langes und doch so kurzes Leben zurück.

Er bedauerte alles, was gescheitert war, und empfand Dankbarkeit für alles, was gelungen war. Er erkannte, daß sein Leben eine Mischung aus Gelingen und Scheitern gewesen war, aus Glück und Unglück, Fülle und Mangel.

Sicher, es hätte besser sein können, aber er wollte nicht mit unzufriedenen Gedanken sterben. Also sagte er sich, sein Leben sei so gut gewesen, wie er es – aus welchen Gründen auch immer – verdient hatte.

Dieser Gedanke verlieh ihm die Kraft, dem Tod mit Gelassenheit gegenüberzutreten.

BANNSPRUCH

Den Dämon der Vergänglichkeit
bannt man mit seelischer Heiterkeit,
mit Zuversicht und Lebensoffenheit.
Schwermut und Trübsal
verschlimmern nur die Traurigkeit
über unwiederbringlich Verlorenes.

Wir gewinnen, um zu verlieren.
Aber wir verlieren auch,
um wieder zu gewinnen.

NOTWENDIGE FREUNDSCHAFTEN

Liebst du die Freiheit,
mußt du dich
mit der Einsamkeit anfreunden.

Liebst du die Liebe,
mußt du dich
mit dem Verlust anfreunden.

Liebst du das Leben,
mußt du dich
mit der Vergänglichkeit anfreunden.

Weise Reaktion

Die weiseste Reaktion
auf die Vergänglichkeit des Lebens
und die Unabänderlichkeit des Todes
ist der ständige Versuch,
soviel Glück und Freude,
soviel Schönheit und Zauber
wie möglich zu erleben –

solange es möglich ist.

Im Herz
des Augenblicks

Im Herz des Augenblicks
bewegt sich die Zeit
ohne mich und dich,
und wir können
die Ewigkeit umarmen.

Im Herz des Augenblicks
gibt es kein Heiß und Kalt,
kein Jung und Alt –
alles ist gut, alles ist eins
in der Mitte des Seins.

Im Herz des Augenblicks
ist es die Kunst des wahren Glücks,
das bloße Atmen zu genießen
und zeitlos mit dem
Lebensfluß zu fließen.

Hab nie Angst

Hab nie Angst vor dem Ende,
wenn etwas Schönes anfängt.

Kein Preis ist zu hoch
für erlebtes Glück,
keine Trauer zu tief,
keine Enttäuschung zu schwer.

Leben heißt bereit sein,
irgendwann zu sterben.
Lieben heißt bereit sein,
irgendwann Abschied zu nehmen.

DIE TÄNZERIN

In der letzten Woche ist die Großmutter meiner besten Freundin Sarah gestorben. Völlig unverhofft, im Alter von 78 Jahren, im Schlafzimmer ihrer Wohnung. Sie ist abends schlafen gegangen und nicht mehr aufgewacht.

Sarah ist todtraurig und macht sich die schwersten Vorwürfe. Denn sie hat ihre Oma geliebt, aber wegen ihres Studiums und ihres chaotischen Liebeslebens in den letzten Jahren nicht genug Zeit für sie gehabt. Und gerade, als sie sich fest vorgenommen hatte, ihre Oma öfter zu besuchen und tiefere Gespräche mit ihr zu führen, starb sie.

Ich habe Sarah noch nie so deprimiert erlebt. Meine Versuche, sie zu trösten oder aufzuheitern, waren vergeblich. Nach jedem Mal war ich völlig erschöpft: eine sinnlose Erschöpfung, weil meine Anstrengungen, ihr zu helfen, fruchtlos geblieben waren. Ich hasse sinnlose Zeit- und Kraftvergeudung. Wenn ich mich verausgabe, soll es irgendeinen Sinn oder Nutzen haben.

Als ich heute morgen aufwachte, erkannte ich den Sinn. Ich sollte erleben, in welch tiefe Verzweiflung ein Mensch fallen kann, wenn jemand stirbt, dem er nicht gegeben hat, was er ihm geben wollte. Ich sollte es als eine Warnung davor verstehen, denselben Fehler wie meine Freundin zu machen.

Und zwar mit meiner Großmutter Judith, die in zwei Monaten 76 werden würde. Sie erfreute sich guter Gesundheit, aber das war auch bei Sarahs Oma der Fall gewesen. Wie lange hatte ich kein gutes, wesentliches Gespräch mehr mit Judith geführt? Wann hatte ich sie zum letzten Mal besucht? Warum hatte ich sie so sehr vernachlässigt, obwohl mir doch viel an ihr lag? Warum hatte ich sie so selten besucht, obwohl ich sie sehr schätzte und liebte? Warum stimmte das Verhältnis nicht zwischen den Gefühlen, die ich für sie hatte, und meiner Art, sie ihr zu zeigen – oder besser nicht zu zeigen?

Nun konnte ich mir einreden, daß ich wenig Zeit habe, was ja auch stimmt. Aber daß dies der Grund dafür ist, daß ich mich bei Judith seit Beginn meines Studiums so rar gemacht habe, glaube ich mir selbst nicht. Ist es die unbewußte Abneigung einer jungen Frau gegen engeren Kontakt mit einer alten Frau, weil sie sich nicht gern daran erinnern läßt, daß sie irgendwann in unvorstellbarer Ferne auch 76 Jahre sein wird, ein faltiges Gesicht und Altersflecken auf den Händen haben wird und beim Treppensteigen außer Atem kommt? Ist es die Scheu der Jugend vor dem Alter, vor dem sie sich fürchtet wie vor einer ansteckenden Krankheit?

Wenn ein Mensch die 70 überschritten hat, muß man eigentlich immer mit dem Schlimmsten rechnen. Die Statistiken belegen es. Dreimal im letzten Monat habe ich mich davon abbringen lassen, zum Bahnhof zu fahren, in den Zug zu steigen und meine Oma zu besuchen. Eine gute Stunde insgesamt dauert die Fahrt zu ihr nur – und teuer ist sie auch nicht.

Einmal stand Sarah mit Liebeskummer vor der Tür und wollte unbedingt sofort mit mir reden. Beim zweiten Mal hatte ich ein Problem mit dem Computer, dessen Lösung mich drei Stunden kostete und meine Aversion gegen Hotlines vertiefte. Beim dritten Mal wurde der Himmel dunkel, als ich gerade das Haus verlassen wollte, und es begann wie aus Kübeln zu schütten, zu blitzen und zu donnern. Ich habe immer noch die gleiche Angst vor Gewittern, die ich schon als Kind hatte.

Gerade habe ich mich entschlossen, Judith heute zu besuchen. Sie mit meinem Besuch zu überraschen. Wer weiß, wie lange sie noch lebt? Wenn sie stirbt, will ich mir nicht vorwerfen müssen, will nicht darunter leiden müssen, daß ich ihr mein Interesse, meine Zeit, meine Aufmerksamkeit und meine Liebe nicht in dem Maß gezeigt habe, wie ich sie empfinde.

Als ich mich angezogen habe und schon nach der Türklinke greife, dudelt das Festnetztelephon. Verrückt! Jemand will mich offenbar zum vierten Mal davon abhalten, meine Oma zu besuchen.

Ich schüttele energisch den Kopf, lasse es dudeln und mache mich auf den Weg.

Eine gute Stunde später stehe ich vor Judiths Haustür und klingle.

Keine Reaktion.

Ich bekomme Angst, daß sie vielleicht nicht zu Hause ist. Aber das müßte schon ein dummer Zufall sein, denn sie geht nur noch selten aus dem Haus. Früher ist sie täglich eine halbe Stunde mit dem Fahrrad umhergefahren, aber das macht sie seit zwei Jahren nicht mehr. Vielleicht hält sie gerade ein Nachmittagsschläfchen?

Ich klingle ein zweites Mal, diesmal länger.

Endlich höre ich das Summen des Türöffners. Erleichtert drücke ich die Haustür auf und gehe die Stufen in den ersten Stock hoch.

Sie steht im Türrahmen. Ihre Augen leuchten auf. Ich sehe, wie sehr sie sich über mein Kommen freut.

„Laura – mein Mädchen! Wie schön! Komm rein, komm rein!"

Ihre Freude beschämt mich. Ich brauche nur eine Stunde mit der Straßenbahn und dem Zug zu fahren und ein paar Schritte zu laufen, um ihr eine so große Freude zu machen. Warum wird mir das erst jetzt so richtig bewußt? Aber gut, es ist ja noch früh genug.

Ich hänge meine Jacke an der Garderobe auf, folge ihr ins Wohnzimmer und setze mich in meinen Lieblingssessel mit Blick auf die große Hängebirke vor ihrem Fenster. Sie hört gar nicht auf, sich zu freuen, und ich höre nicht auf, mich zu schämen.

„Ist das schön, daß du da bist!" sagt sie und lächelt mich fortwährend an. Kein Wort darüber, daß ich so lange nicht da war. Nicht einmal die Andeutung eines Vorwurfs in ihrem Gesicht oder Blick. Nur Freude, pure Freude. „Schau, ich habe eben eine Kanne grünen Tee aufs Stövchen gestellt. Magst du auch eine Tasse?"

Ich bejahe.

Sie holt eine Tasse für mich aus dem Küchenschrank, setzt sich wieder zu mir an den Tisch und gießt uns Tee ein. Ich betrachte unwillkürlich ihre Hand. Eine alte Hand, die ein wenig zittert, aber sicher den Tee in die Tassen gießt.

Irgendwann wird meine Hand auch so alt sein, braune Flecken auf der Haut haben und leicht zittern, wenn ich Tee eingieße. Und wahrscheinlich werde ich mich auch so freuen, wenn meine Enkeltochter mich unverhofft besucht. Falls ich jemals eine haben werde.

Ich denke so gut wie nie ans Alter. Es wird eine Ewigkeit dauern, bis ich alt bin, und ich halte mich an die japanische Weisheit: Überquere die Brücke, wenn du vor ihr stehst. Als ich vor zwei Jahren 20 geworden bin, war das schon ein seltsames Gefühl. 20 ist nur eine Zahl, aber danach ist man kein Teenie mehr. Und es ist schön, ein Teenie zu sein, auch wenn es manchmal ganz schön schrecklich sein kann.

„Gut siehst du aus, Laura! Was macht das Studium? Was macht die Liebe? Wie hieß er noch? Andreas, nicht wahr?"
„Ja, so hieß er. Das Studium ist interessant, aber nimmt viel Zeit in Anspruch. Und die Liebe – seit sechs Wochen bin ich Single."
„Oh."
„Ist schon okay so. Andreas hat eine Auffassung von Treue, mit der ich nicht umgehen kann. Wir passen nicht zusammen, um es auf den Punkt zu bringen."
„Schade", sagte Judith. „War das Loslassen schwierig?"
„Am Anfang schon. Aber die Wut hat geholfen."
„Die Wut?"
„Die Wut auf seine Verlogenheit. Aber laß uns das nicht vertiefen. Ich habe daraus gelernt. Und inzwischen fühle ich mich sehr wohl ohne eine feste Beziehung. Ich suche jetzt auch nicht zwanghaft nach einem neuen Freund und will erstmal eine Weile meine Unabhängigkeit genießen."
„Du hast gelernt. Das ist gut. Du bist im Alter des Lernens,

des Erkennens. In einem Alter, in dem die Wurzeln deines Lebensbaums sich entwickeln. Je tiefer sie in die Erde deiner Seele wachsen, desto höher und prächtiger wird dein Leben werden."

Ich weiß nicht, ob ich sie richtig verstehe, und sie merkt es mir an. „Je tiefer deine Erkenntnisse über dich selbst und die Liebe sind, desto mehr wird dein Leben auch wirklich dein Leben sein. Viele Menschen gehen an ihrem eigenen Leben vorbei, weil sie in ihren jungen Jahren nicht tief genug in sich hineingehen und hineinsehen, um herauszufinden, wer sie sind und wie sie leben sollen."

Jetzt verstehe ich sie und nicke.

„Manche jungen Menschen fürchten sich vor der Selbsterkenntnis, aus Angst, etwas zu entdecken, das sie erschreckt, überfordert oder verunsichert. Aber Selbsterkenntnis ist unser Freund. Wer sich nicht in seinen jungen Jahren kennenlernt, ist in seinen späteren Jahren verloren. Und die Liebe ist einer der besten Wege, sich kennenzulernen, denn sie führt uns zur Wahrheit – auch wenn diese

Wahrheit manchmal schmerzhaft ist."

Judith ist eine kluge und belesene Frau, und ihr Alter hat ihre Intelligenz, ihre Eloquenz und ihr Gedächtnis nicht geschwächt. Die vorwiegend literarischen Werke in der Bücherwand, die vom Boden bis zur Zimmerdecke reicht, hat sie zum allergrößten Teil gelesen. Sie muß jeden Tag mindestens eine Stunde lesen, sagt sie, sonst fehlt ihr etwas.

Entweder habe ich meine Liebe zu Büchern von ihr geerbt, oder sie hat mich damit infiziert. Wie auch immer, sie hat mir die Tür in die Welt der Literatur geöffnet, und das ist eine der faszinierendsten Welten, die es gibt. Ich habe einigen Büchern extrem viel zu verdanken, sie haben mir die Augen geöffnet und meinen Horizont erweitert. Und wenn Judith nicht wäre, hätte ich diese Bücher nie entdeckt. Wenn Judith nicht wäre, würde es mich gar nicht geben.

„Wie geht es deiner Mutter?"

„Soweit ganz gut. Sie macht täglich eine Stunde Yoga und kämpft mit der Entscheidung, ob sie vegetarisch leben oder weiterhin Fleisch essen soll. Sie hat einen neuen Freund, der offensichtlich mehr von ihr will, als sie von ihm. Ich glaube, das geht nicht mehr lange gut."

„Und dein Vater?"

„Ich habe letzte Woche mit ihm telephoniert. Es schien ihm ganz gut zu gehen. Aber so richtig glücklich wirkte er nicht auf mich."

Judith nickt ernst und gießt uns Tee nach. „Das Glück ist ein scheues Reh", sagt sie. „Manchmal wird es zutraulich, wenn man es richtig behandelt."

„Und wie behandelt man es richtig?" Jetzt bin ich neugierig.

„Indem man sanft und sensibel mit ihm umgeht und ihm jeden Tag aufs neue zeigt, wie sehr man es liebt. Das Glück ist wie ein Mensch. Es will nicht nur geliebt werden, es will auch, daß man ihm Liebe zeigt."

Mein Blick fällt auf das große Photo von Judith und Michael, das in ihren Flitterwochen aufgenommen wurde. Ein schönes, glückliches, junges Paar. Und was hat die Zeit davon übriggelassen? Eine alleinstehende alte Frau. Die Zeit ist eine große Diebin, und alte Menschen sind ihre Lieblingsopfer.

Judith ist aufgefallen, daß mein Blick das Photo gestreift hat. „Die schönste Zeit meines Lebens", sagt sie. „Unsere Flitterwochen am Mittelmeer. Ich wußte schon damals, daß unsere Liebe ein Leben lang dauern würde. Michael ist jetzt schon seit vier Jahren auf der anderen Seite, aber

ich kann es noch immer nicht richtig fassen. Manchmal
wache ich morgens auf, und meine Hand tastet nach ihm –
bis mein Bewußtsein erwacht und mir sagt, daß er schon
vorausgegangen ist."

„In den Himmel?" frage ich.

Sie schüttelt den Kopf. „Der Himmel ist von Flugzeugen,
Drohnen und Satelliten bevölkert. Michael ist im Land
der Seelen, und dort wartet er auf mich."

„Wie ist das Land der Seelen?"

„Grenzenlos, zeitlos, schwerelos. Unser Verstand kann
sich das nicht vorstellen, aber unsere Seele kann eine Ahnung davon gewinnen."

Mir liegt eine Frage auf der Zunge. Ich kenne Judiths
Glauben an die Unsterblichkeit der Seele. Sie hatte einmal
eine mystische Erfahrung, wie sie es nannte, die ihr einen
Einblick in die Welt der Seelen gegeben hat.

Ich hatte noch nie eine mystische Erfahrung und weiß
nicht, ob die Seele unsterblich ist oder stirbt, wenn der
Körper stirbt. Es ist eine schöne Vorstellung, daß die Seele unvergänglich ist, aber ich kann nicht einfach an etwas
glauben, nur weil es eine schöne Vorstellung ist. Einmal
habe ich Judith gebeten, mir ihre mystische Erfahrung zu
erklären, aber das konnte sie nicht. Diese Erfahrung habe
dort angefangen, sagte sie, wo Worte aufhören. Ich werde
sie jetzt nicht nochmal danach fragen. Vielleicht werde ich

irgendwann selbst einmal eine mystische Erfahrung haben und verstehen, warum man so etwas nicht in Worte fassen kann.

Wir sitzen schweigend in unseren bequemen Sesseln, während draußen die Abenddämmerung einsetzt.

„Du mußt stark sein", sagt sie unvermittelt. So leise, daß ich es gerade noch verstehe. Fast wie zu sich selbst. Meint sie überhaupt mich?

„Ich muß stark sein?" frage ich.

„Ja, du auch, Laura. Wir alle müssen stark sein. Das ist eine ganz wichtige Botschaft, die für alle Lebensphasen gilt, und besonders für das Alter."

„Das ist wohl eher eine Aufforderung als eine Botschaft", wende ich ein.

„Es ist beides", sagt sie. „Du mußt innerlich wie ein Deich sein, den die wilden Wellen der Welt und der Zeit nicht durchbrechen oder überfluten können. Wenn du schwach bist, und das ganze Elend der Welt und der Vergänglichkeit in dich eindringt, läufst du Gefahr, dich selbst zu verlieren. Wenn du schwach bist, brichst du unter der Last der Fragwürdigkeiten des Lebens zusammen. Dann siehst du überall Fehler, Schwächen, Ungerechtigkeiten, Absurditäten und stellst den Sinn des Lebens in Frage. Und von dort ist es nur noch ein Schritt zu einer ausgewachsenen Depression."

„Was ist denn der Sinn des Lebens, den wir nicht in Frage stellen sollen?" frage ich sie, während sie mit einem Stabfeuerzeug drei Kerzen anzündet, die auf dem Tisch stehen.

„Freude", sagt sie. „Das Leben muß Freude machen, Laura. Du mußt es lieben können, weil es dir Freude macht. Auch wenn es dich manchmal belastet, überfordert und enttäuscht. Das mußt du ertragen, ohne die Freude zu verlieren. Freude, Liebe und Weisheit. Hast du diese drei Eigenschaften, hat dein Leben Sinn."

„Das ist leicht gesagt", rutscht es mir heraus.

Judith lacht. „Das Leichte ist nicht selten das Richtige. Viele Menschen mißtrauen dem Leichten, halten es für oberflächlich und meinen, nur das hart Erarbeitete habe Wert. Aber je leichtfüßiger dein Weg durchs Leben ist, desto mehr Freude wirst du an ihm haben. Warum schaust du so? Rede ich zuviel?"

Ich schüttele den Kopf. „Nein. Ich glaube, du hast recht. Und ich höre dir gern zu. Wir sollten öfter miteinander reden."

Sie sieht mich mit einem intensiven Lächeln an, in dem etwas liegt, das ich nicht ganz identifizieren kann. Etwas Tiefes, Rätselhaftes, aber definitiv Gutes.

„Siehst du die indonesische Holz-
statue auf der Kommode?"

Mein Blick fällt auf die rotbraune Holzschnitzerei, die Judith
vor langer Zeit von einer Reise
mit Michael von der Insel Bali
mitgebracht hat.

„Was siehst du in ihr?" fragt sie.

„Eine schöne Frau, die mit den
Füßen im Rachen eines Dämo-
nen steht", sage ich.

Judith steht auf, nimmt die
rotbraune Statue von der
Kommode, stellt sie vor mich
auf den Tisch und setzt sich
wieder. „Was siehst du im
Gesicht der Frau?"

„Schönheit. Anmut. Eine gewisse Entrücktheit."

„Siehst du Angst oder Unsicherheit?"

„Nein. Keine Spur."

„Wie empfindest du ihre Körperhaltung?"

„Sie streckt einen Arm zum Himmel. Irgendwie zeigt ihre
Haltung Stärke. Als würde sie triumphieren."

„Ja! Sie triumphiert! Sie zelebriert einen Tanz der Furcht-
losigkeit und Freude. Ein Dämon versucht, sie sich ein-

zuverleiben, sie zu verschlingen! Doch sie ist nicht nur furchtlos, sondern auch mutig und anmutig. Für mich hat diese Statue schon immer eine ganz wesentliche Botschaft ausgestrahlt!"

„Welche?"

„Hab keine Angst vor dem Dämonischen, dem Ungeheuerlichen, dem Bedrohlichen des Lebens! Stehe in seinem Feuer, ohne zu brennen! Schwimme in seinem Wasser, ohne naß zu werden. Diese Frau ist für mich eine magische Tänzerin. Sie tanzt der Absurdität, der Finsternis und Gefährlichkeit des Lebens auf der Nase herum. Sie ist frech – und stark. Ich habe mir immer ein Beispiel an ihr genommen. Ich möchte dir diese Statue schenken. Ich brauche sie nicht mehr. Ich habe sie und alles, wofür sie steht, tief in meine Seele aufgenommen. Jetzt soll sie dir dienen."

Ich weiß, daß mir gerade ein sehr großes Geschenk gemacht wurde, und bin sprachlos vor Freude und Dankbarkeit.

Judith schaut konzentriert in die Flammen der drei Kerzen auf dem Tisch, als würde sie etwas Faszinierendes in ihrem Feuer sehen.

„Judith, hast du eigentlich Angst vor dem Tod?"

„Nein. Angst vor dem Tod zu haben, heißt Angst vor dem Leben zu haben. Angst ist ein gefährlicher seelischer Virus. Er kann die Seele krank und schwach machen. Hab Angst vor der Angst, mein Kind!"

„Mama hat öfter gesagt, daß ich nach dir komme. Neulich habe ich mir Photos von dir angeschaut, als du in meinem Alter warst. Du warst eine hübsche junge Frau."

„Und du bist eine hübsche junge Frau, Laura, und mußt alle Chancen nutzen, die deine Attraktivität dir gibt. Aber du solltest dein Aussehen nie als ein Mittel zu einem bestimmten Zweck einsetzen, wie viele hübsche Frauen es tun. Freue dich darüber, genieße es – es ist ein Geschenk. Aber identifiziere dich nicht zu sehr damit, hänge dich nicht zu fest daran, denn irgendwann wirst du es mehr und mehr verlieren. Das ist eine bittere Erfahrung. Ich habe Jahre gebraucht, mich damit abzufinden, daß sich mein Spiegelbild nicht zu seinem Vorteil verändert hat. Das fing zwischen fünfzig und fünfundfünfzig an, und erst mit sechzig habe ich es ganz akzeptiert. Man hat eh keine andere Wahl, als zu akzeptieren, was die Zeit mit dem Gesicht, mit dem Körper macht."

„Ist das Altern schwer?"

Judith seufzte. „Leicht ist es nicht. Aber es ist leichter, wenn du die Möglichkeiten ausgeschöpft hast, die du hattest, als du jung warst. Wenn du immer mit klopfendem Herzen zur Tür gelaufen bist, wenn die Liebe dich besuchte. Wenn du jede Chance zu lieben genutzt hast. Nichts ist schlimmer, als im Alter über verpaßte Chancen trauern zu müssen. Am meisten Angst vor dem Sterben sollten die Menschen haben, die am meisten zu verlieren haben: eine Fülle ungenutzter Chancen. Zu denen gehöre ich glücklicherweise nicht. Ich war immer risikofreudig. Natürlich hat nicht jedes Wagnis, das ich eingegangen bin, ins Glück geführt. Aber zu einem erfüllten Leben gehört Mut und manchmal auch Wagemut. Und es ist viel leichter, nach einem erfüllten Leben zu altern, als nach einem Leben, in dem die Angst und das pure Sicherheitsdenken das Sagen hatten."

„Du hast also wirklich überhaupt keine Angst vorm Sterben? Nicht mal ein bißchen?"

Judith lächelt und schüttelt den Kopf. „Nicht mal ein bißchen. Ich sterbe ja gar nicht."

„Wie meinst du das jetzt?"

„Ich sterbe nicht. Nur mein Körper stellt seine Funktionen ein. Meine Seele lebt weiter. Und ich bin nicht mein Körper. Ich bin eine Seele, die einen Körper hat."

„Woher weißt du das?"

„Von meiner Seele. Sie hat es mir gesagt, mehr als einmal. Und ich glaube ihr."

„Was hat sie dir gesagt?"

„Daß sie unsterblich ist. Aber nur unter einer Bedingung."

„Die da wäre?"

„Daß sie ihre Liebesfähigkeit nicht verliert. Liebe ist der süße Sauerstoff der Seele. Ohne ihn erstickt sie, ohne ihn stirbt sie."

„Du glaubst also, daß deine Seele nur solange unsterblich ist, wie sie liebt?"

„Genau das glaube ich."

„Das hast du mir noch nie gesagt."

„Du hast mich noch nie danach gefragt."

„Ist das so etwas wie eine Religion?"

„Es ist eher eine Intuition. Eine innere Gewißheit. Nach meinem körperlichen Ende wird meine Seele weiterleben. Solange sie liebt. Keine Sekunde länger. Aber da ich mir nicht vorstellen kann, daß sie jemals ihre Liebesfähigkeit verliert, wird sie wohl niemals sterben."

„Das ist ein sehr interessanter Gedanke."

„Es ist weit mehr als ein Gedanke, mein Mädchen."

„Hat denn jeder Mensch eine potentiell unsterbliche Seele?"

„Ja, mit Betonung auf potentiell. Die Seele eines Menschen, die seine Liebesfähigkeit verloren hat, kann schon zu Lebzeiten des Körpers sterben und diesen Menschen zu einer seelenlose Hülle machen, nach deren Tod nichts bleibt außer dem Inhalt eines Sarges oder einer Urne. Die Welt ist voller seelenloser Menschen, deren Religion der Materialismus ist und deren Götter Geld, Besitz und Macht sind. Menschen, die über Leichen gehen, weil ihre Seele, die sie daran hindern würde, nicht mehr existiert. Denn die Seele hat Mitgefühl. Du erkennst einen seelenlosen Menschen an seiner Unfähigkeit, Mitgefühl zu empfinden. All die unfaßbaren Greueltaten, die täglich auf der Welt geschehen, werden von seelenlosen Menschen begangen. All die Gewalt, der Wahnsinn und das Elend auf der Welt wurden und werden von seelenlosen Menschen erzeugt, die nicht lieben können. Die nichts und niemanden lieben können, sich selbst eingeschlossen."

Judiths Gesicht ist ernst geworden. Ich lausche tief in mich hinein, wo Judiths Worte nachhallen und nachwirken. Sie haben mich berührt und ein Gefühl in mir erweckt, das mir Tränen in die Augen treibt, obwohl ich nicht traurig bin. Ich spüre, daß Judith mir etwas sehr Wichtiges und Wertvolles gesagt hat, dessen Tiefe ich nur erahnen kann. Ich muß ihre Worte sacken lassen, muß ihnen Zeit geben, ihre Wirkung ganz zu entfalten. Morgen will ich unbedingt noch einmal mit Judith darüber sprechen. Jetzt wäre jedes Wort ein Wort zuviel.

Ich habe mich noch nie ernsthaft mit der Frage beschäftigt, was nach meinem Tod geschieht. Ob der Tod alle Menschen gleich behandelt. Das Leben behandelt die Menschen sehr unterschiedlich, und vielleicht macht es der Tod ja genauso. Ich habe mich auch noch nie gefragt, ob meine Seele unsterblich ist, oder ob sie mit dem Körper in den Tod geht. Auf die Idee, daß sie bedingt unsterblich sein könnte, und daß die Bedingung ihre Fähigkeit zu lieben ist, wäre ich wohl nicht gekommen. Aber alles ist möglich. Aus dieser Endlosigkeit von Möglichkeiten hat Judith für sich eine faszinierende Überzeugung gewonnen.

Ihre Worte wirken auf mich wie ein geheimnisvoll und sanft tanzendes, vertrauenerweckendes Licht in der Dunkelheit, das mich magisch anzieht. Ich weiß, ich werde dieser Anziehung folgen und furchtlos auf dieses Licht zugehen. Ich glaube, es hat mir etwas zu zeigen, was für mein Leben von großer Bedeutung sein wird.

Die Atmosphäre im Raum hat sich verändert, sie ist intensiver geworden, tiefer und schöner. Etwas Wesentliches ist passiert, das ich mir noch nicht in seinem ganzen Ausmaß erklären kann. Die Zeit wird es mir erklären. Ich weiß im Augenblick nur, daß es gut ist. Daß ich dankbar dafür bin.

„Du klingst oft so – so stark", höre ich mich zu meiner Großmutter sagen. „Bist du das auch? Jeden Tag?"

Judith schüttelt den Kopf und winkt ab. „Morgens meistens nicht. Die ersten ein, zwei Stunden nach dem Aufstehen sind manchmal etwas schwierig. Da bin ich öfter ziemlich labil und nicht belastbar, da sitze ich noch nicht fest im Sattel des Tages. Danach wird es leichter, und mein Lebensgefühl stabilisiert sich. Am wohlsten fühle ich mich meistens am späten Abend. Das war schon immer so, seit meiner Jugend, das ist wohl mein Biorhythmus. Ich war schon immer eine Nachteule. Man verändert sich mit den Jahrzehnten, aber irgendwie bleibt man sich auch treu."

„Du hast mir noch nicht wirklich auf meine Frage geantwortet, ob das Älterwerden schwer ist."

„Ich dachte, das hätte ich schon. Es ist in vieler Hinsicht so schwer, wie man es sich macht, mein Kind. Ich versuche, es mir so leicht wie möglich zu machen. Mal gelingt es mir gut, mal weniger gut. Je älter man wird, desto mehr schränken sich gewisse Möglichkeiten ein, die man als junger Mensch hat. Deshalb mußt du alle Chancen des Jungseins nutzen! Riskiere etwas für dein Glück, laß die Liebe niemals warten, wenn du dich mit ihr verabredet hast! Folge deinen Instinkten und Intuitionen, hab keine Angst vor der Spontaneität, traue dir etwas zu! Sei nicht immer nur vernünftig … Wenn du so lebst, kann das Altern durchaus akzeptabel sein. Wir Menschen verlieren nicht gern. Und wenn wir verloren haben, versuchen wir, in unserem Verlust einen Gewinn zu entdecken. Und oft gibt es den wirklich."

„Und wie ist das Gewinn-Verlust-Verhältnis im Alter?"

„Nicht so schlecht wie sein Ruf. Natürlich unter der Voraussetzung, daß du deine Chancen genutzt, dein Leben mutig und intensiv gelebt und dir deine Gesundheit bewahrt hast. Man verliert natürlich viel. Viel Übermut, viel Ausgelassenheit, viel Verrücktheit. Auch der Körper baut ab. Aber man kann sich seinen Humor erhalten und ihn sogar weiterentwickeln, und das ist sehr hilfreich. Die Leidenschaften werden kleiner, aber mit ihnen auch die daraus resultierenden Leiden. Das ist ein nicht zu unterschätzender Gewinn für den Seelenfrieden. Man erwartet im Alter nichts Großes mehr von der Welt, man hat sich damit abgefunden, daß sie so ist, wie sie ist."

„Und wie ist sie?"

„Sie ist alles andere als ein Paradies. Und doch kann man auf dieser Welt vollkommen glücklich sein – für eine Weile. Das ist wohl die schönste Absurdität des Lebens. Mit dem Glücklichsein kann man nicht früh genug anfangen. Von dem Glück, das du in deinen jungen und mittleren Jahren erlebst, kannst du in deinen alten Jahren zehren. Denn es klopft nicht mehr so gern und so sehnsüchtig an die Türen alter Menschen."

„Warst du in deinem Leben oft glücklich, Judith?"

„Ja, das war ich. So oft und so sehr, daß ich dafür immer dankbar sein werde. Es war auch gut, daß ich Michael erst mit Ende Zwanzig kennenlernte. So konnte ich vor meiner großen Liebe einige kleinere oder mittelgroße erleben und wußte dann umso sicherer, daß ich den Richtigen gefunden hatte, als ich Michael begegnete."

Ich schaue aus dem Fenster auf die Hängebirke, die in der Dämmerung etwas Geheimnisvolles hat, das meinen Blick bannt.

Judith gießt uns Tee nach.

Ich kann nicht verstehen, daß ich sie solange nicht besucht habe. Es ist ein solches Glück, eine Frau wie sie als Großmutter zu haben. Das wußte ich eigentlich schon immer, aber in der letzten Zeit habe ich es irgendwie aus den Augen verloren.

Nach unserem heutigen Gespräch, das spüre ich ganz tief in mir, wird mir das nie mehr passieren. Ich fühle mich so wohl wie lange nicht mehr. Der Gedanke, bald nach Hause fahren zu müssen, gefällt mir überhaupt nicht.

„Judith, kann ich heute bei dir übernachten?"

Sie nickt überrascht und lächelt mich an.

In ihrem Lächeln ist etwas Tiefes, Rätselhaftes, aber definitiv Gutes. Und jetzt erkenne ich, was es ist: Liebe.

Immer neue Blumen

Ein guter Jungbrunnen,
der das Alter daran hindert,
lähmend ins Herz und in die Seele
eines Menschen einzudringen,
ist die Liebe zur Kreativität,
die Freude daran, etwas zu erschaffen,
etwas Neues in die Welt zu bringen.

Wer jeden Tag ein Bild malt
oder ein Gedicht schreibt
oder eine Geschichte erfindet
oder eine Melodie komponiert
oder ein gutes Photo macht
oder eine Idee entwickelt,
sorgt auf schöne Weise dafür,
daß auf der Wiese seines Alterns
immer neue Blumen wachsen,
die nach Freude und Frische duften.

INHALTSVERZEICHNIS

DER AUTOR

Hans Kruppa ist einer der meistgelesenen deutschen Dichter und Aphoristiker. Er lebt als freier Schriftsteller in Bremen. Seine Gedichte und Märchen, Erzählungen und Romane, Aphorismen und Kurzgeschichten hat er in mehr als hundert Büchern mit einer Gesamtauflage von über zwei Millionen veröffentlicht. Einige seiner Bücher wurden in andere Sprachen übersetzt. Für sein schriftstellerisches Werk wurde Hans Kruppa mit dem New Yorker Otto-Mainzer-Preis ausgezeichnet.

„Er gilt als Meister der Liebeslyrik, als Mann, der mit dem Herzen denkt, als Realist mit Mut zu seinen Gefühlen. Hans Kruppa spielt gekonnt auf der Klaviatur der Zwischentöne und hat damit großen Erfolg." (Westfälische Nachrichten)

„Wer Hans Kruppa zuhört, dem können sich selbst die tristesten Stunden in „eine gute Zeit" verwandeln." (Deutsche Tagespost, Würzburg)

„Kaum ein deutscher Autor ist so vielseitig und erfolgreich wie Hans Kruppa. Ob er Liebeslyrik verfaßt, Märchen erzählt oder Romane schreibt, jedes Mal fließt viel Herzblut in seine Arbeit mit ein." (Visionen)

„Der Lyriker probiert, ohne daß er sich über die gesellschaftspolitische Lage Illusionen machte, auch „Schönwetterworte", und mit ihnen stellt sich Phantasie ein, Leichtigkeit…" (Die Zeit)

Mehr Informationen: www.hans-kruppa.de

Die Illustratorin

Catherine Ducloux kam in Frankreich in einem malerischen Dorf zur Welt. Sie studierte Germanistik an der Universität von Lyon und lebt schon seit langem und gerne in Deutschland, wo sie nach langjähriger Berufserfahrung als Französischlehrerin unter anderem als Kunstmalerin und Illustratorin tätig ist. Mit ihren Werken illustrierte sie schon zahlreiche Bücher von Hans Kruppa.

Mehr Informationen: www.catherines-galerie.de